Paulin Melatagia Yonta

Arbre couvrant de distance moyenne minimale et dynamique des opinions

Paulin Melatagia Yonta

Arbre couvrant de distance moyenne minimale et dynamique des opinions

Presses Académiques Francophones

Impressum / Mentions légales
Bibliografische Information der Deutschen Nationalbibliothek: Die Deutsche Nationalbibliothek verzeichnet diese Publikation in der Deutschen Nationalbibliografie; detaillierte bibliografische Daten sind im Internet über http://dnb.d-nb.de abrufbar.
Alle in diesem Buch genannten Marken und Produktnamen unterliegen warenzeichen-, marken- oder patentrechtlichem Schutz bzw. sind Warenzeichen oder eingetragene Warenzeichen der jeweiligen Inhaber. Die Wiedergabe von Marken, Produktnamen, Gebrauchsnamen, Handelsnamen, Warenbezeichnungen u.s.w. in diesem Werk berechtigt auch ohne besondere Kennzeichnung nicht zu der Annahme, dass solche Namen im Sinne der Warenzeichen- und Markenschutzgesetzgebung als frei zu betrachten wären und daher von jedermann benutzt werden dürften.

Information bibliographique publiée par la Deutsche Nationalbibliothek: La Deutsche Nationalbibliothek inscrit cette publication à la Deutsche Nationalbibliografie; des données bibliographiques détaillées sont disponibles sur internet à l'adresse http://dnb.d-nb.de.
Toutes marques et noms de produits mentionnés dans ce livre demeurent sous la protection des marques, des marques déposées et des brevets, et sont des marques ou des marques déposées de leurs détenteurs respectifs. L'utilisation des marques, noms de produits, noms communs, noms commerciaux, descriptions de produits, etc, même sans qu'ils soient mentionnés de façon particulière dans ce livre ne signifie en aucune façon que ces noms peuvent être utilisés sans restriction à l'égard de la législation pour la protection des marques et des marques déposées et pourraient donc être utilisés par quiconque.

Coverbild / Photo de couverture: www.ingimage.com

Verlag / Editeur:
Presses Académiques Francophones
ist ein Imprint der / est une marque déposée de
OmniScriptum GmbH & Co. KG
Heinrich-Böcking-Str. 6-8, 66121 Saarbrücken, Deutschland / Allemagne
Email: info@presses-academiques.com

Herstellung: siehe letzte Seite /
Impression: voir la dernière page
ISBN: 978-3-8381-4469-6

Copyright / Droit d'auteur © 2014 OmniScriptum GmbH & Co. KG
Alle Rechte vorbehalten. / Tous droits réservés. Saarbrücken 2014

A la mémoire de mon père Simon MELATAGIA

Remerciements

Je souhaite remercier en premier lieu le Professeur Maurice TCHUENTE, qui m'a donné la chance de travailler dans son équipe. Je tiens à lui témoigner ma gratitude pour le temps, les efforts et les conseils qui m'ont permis d'aller au bout de ce travail. Je lui suis d'autant plus redevable qu'il a su me donner l'élan et la motivation nécessaires pour que j'aborde toutes les difficultés rencontrées avec enthousiasme et l'assurance de toujours avoir son soutien. Enfin, je tiens à le remercier pour avoir su m'apprendre quelles sont les vraies valeurs d'une recherche académique scientifique de qualité.

Vient ensuite le Docteur René NDOUNDAM. Je lui suis reconnaissant d'avoir réussi à diriger mes travaux tout en me laissant libre d'explorer mes pistes à ma guise. Plus qu'un directeur de thèse, sa disponibilité, ses conseils, sa bienveillance ainsi que la confiance qu'il m'a accordée ont été précieuses. Puisse ce travail être à la hauteur de ses attentes.

Le Professeur Nicolas ANDJIGA m'a fait l'honneur de présider le jury de cette Thèse. Je lui adresse mes plus vifs remerciements.

Je remercie le Professeur Stephan DEMPE pour avoir accepté de juger ce travail.

Je remercie le Professeur Laure-Pauline FOTSO qui a accepté de juger ce travail et pour ses remarques qui ont contribué à en améliorer la qualité.

Je remercie le Professeur Jean-François MEHAUT de sa participation au Jury.

Je remercie le Docteur Basile LOUKA, le Chef de Département d'Informatique, pour toutes les facilités qu'il m'a accordées.

Je remercie l'Université de Yaoundé 1 ainsi que sa Faculté des Sciences au sein desquelles j'ai préparé cette thèse.

Je remercie le Professeur Ibrahima SAKHO pour toute l'aide dans le travail qu'il m'a apporté durant cette thèse. Je tiens à lui témoigner ma gratitude pour le temps, les encouragements et les conseils qu'il m'a fourni.

Je remercie le Docteur Laurent LYAUDET pour tout le travail que nous avons effectué ensemble lors de son passage au Cameroun et qui m'a ouvert à de nouveaux horizons dans le domaine de la théorie des graphes.

Je remercie tous les enseignants du Département d'Informatique qui ont participé à ma formation. Ce travail est le fruit de leur dévouement au travail et de la qualité des enseignements que j'ai reçu.

Je remercie les Professeurs Laure-Pauline FOTSO et Jay BAGGA pour le séminaire de théorie des graphes qu'ils ont organisé et auquel ils m'ont permis de participer.

Je remercie l'ICTP (The Abdus Salam International Centre for Theoretical Physics) qui m'a accueilli et m'a permis d'avancer considérablement dans mes travaux.

Je remercie le CARI (Colloque Africain de Recherche en Informatique et Mathématiques Appliquées) pour m'avoir permis d'y présenter les résultats préliminaires de mes travaux.

Je remercie l'unité de recherche UMMISCO grâce à laquelle j'ai pu accéder à une riche bibliothèque et au matériel de travail.

Je remercie le Docteur Blaise TCHANPDA pour ses conseils et ses encouragements.

Je remercie mes camarades et collègues de laboratoire pour les discussions et l'ambiance qui a régné entre nous tout au long de cette thèse. Je citerais sans faire de distinguo Serge Moto, Hypolite Tapamo, Etienne Kouokam, Norbert Tsopze, Yanik Ngoko, Donatien Chedom, Adamou Hamza, Serge Ebele, Germaine Tchuente, Max Pambé, Nadège Meyemdou, Maurice Tchoupé, Bernard Fotsing, Vivient Kamla, Roger Kammegne, Mathurin Soh, Zéphyrin Soh, Anne-Marie Chana, Christiane Kamdem.

Je remercie toutes les personnes qui ont vécu la partie off de cette thèse : mes parents, mes frères, mes soeurs et mes amis qui n'ont jamais cessé de m'encourager.

Que tous ceux dont j'ai oublié les noms et qui d'une façon ou d'une autre ont participé à l'accomplissement de ce projet trouvent ici l'expression de toute ma reconnaissance.

Table des matières

Dédicace	i
Remerciements	ii
Résumé	vii
Abstract	viii
Introduction Générale	1

Partie I Arbre Couvrant de Distance Moyenne Minimale 4

Chapitre 1 Etat de l'art 5
1.1 Le problème 5
    1.1.1 Problème général d'acheminement de ressources sous contrainte de coût 5
    1.1.2 Problème d'optimisation d'un réseau de transport 7
    1.1.3 Problème de l'arbre couvrant minimisant la distance moyenne 7
1.2 Complexité 9
    1.2.1 NP-complétude du problème d'optimisation d'un réseau de transport 9
    1.2.2 NP-difficulté de ACDM sur graphes métriques 11
1.3 Méthodes exactes par programmation en nombres entiers 13
    1.3.1 Algorithmes exacts avec variables associées aux arêtes 13
    1.3.2 Algorithmes exacts avec variables associées aux chemins 16
1.4 Heuristiques et Algorithmes d'approximation 17
    1.4.1 Heuristiques gloutonnes 17
    1.4.2 Algorithmes d'approximation 19
1.5 Conclusion 25

Chapitre 2 Propriétés Structurelles des ACDM 27
2.1 Variation de l'indice de Wiener après une opération de 1-move 27
    2.1.1 Opération de *1-move* et indice de Wiener 35
    2.1.2 Changement de père par 1-move 37
    2.1.3 Voisinage du sommet médian de l'arbre optimum d'un graphe homogène 40
2.2 Sous-arbres de plus courts chemins dans l'arbre optimum 41
    2.2.1 Une borne simple pour la taille des branches de plus courts chemins 41
    2.2.2 Variation de l'indice de Wiener après un changement de père 42
2.3 Une nouvelle borne 45

2.4 Conclusion 46

Chapitre 3   ACDM sur l'hypercube et le tore   **47**
3.1 ACDM sur l'hypercube 48
    3.1.1 Optimalité locale de B_n 52
    3.1.2 Voisinage du centroid de l'arbre optimum sur H_n 54
3.2 ACDM sur le tore 55
    3.2.1 Optimalité locale du peigne $C_{p,q}$ 58
3.3 Une nouvelle heuristique pour ACDM 63
    3.3.1 Cas particuliers de graphes homogènes $K_2 \times G$ 64
3.4 Conclusion 68

Partie II   Dynamique des Opinions dans les Réseaux d'Automates   69

Chapitre 4   Introduction à la Dynamique des Réseaux d'Automates   **70**
4.1 Réseaux d'automates 70
    4.1.1 Types de réseaux d'automates 71
    4.1.2 Dynamique des réseaux d'automates 72
4.2 Dynamique des opinions 73
    4.2.1 Modèles de dynamique d'opinions 75
    4.2.2 Principaux résultats sur la dynamique des opinions 78

Chapitre 5   Dynamique des Réseaux d'Automates à Fonction Majorité   **80**
5.1 Présentation du modèle 80
5.2 Rappels des résultats connus 83
5.3 Itération parallèle sur réseau quasi-symétrique 85
5.4 Itération série sur réseau quasi-symétrique 95
5.5 Conclusion 101

Conclusion Générale   **103**

Table des figures

1	Flux aux sommets d'un graphe	6
2	Instance du problème d'optimisation d'un réseau de transport déduite d'une instance d'une variante du KNAPSACK	10
3	Instance du problème d'optimisation d'un réseau de transport déduite d'une instance de EXACT 3-COVER	11
4	Construction de $Y1$ et $Y2$ à partir de T	12
5	Graphe $G(k,r)$: Contre-exemple pour la question 1 de Entringer [1]	20
6	Contre-exemple pour la question 2 de Entringer [1]	21
7	Deux arbres optimum locaux pour le tore 3×4	22
8	Deux arbres optimum locaux	23
9	Un arbre T enraciné par deux sommets différents	34
10	Décomposition du cycle C dans l'arbre T	36
11	Partition des sommets de S	38
12	Les graphes T^* et T'	40
13	Structure de T dans le cas d'un changement de père avec changement de branche	43
14	Changement de père dans la même branche	45
15	Le plus court chemin initial est représenté par un trait interrompu.	45
16	Construction récursive de n-cubes	48
17	Contructions récursives de B_n	49
18	Indexation de B_n pour $n=4$	50
19	1-move sur H_n	52
20	Vue locale de B_n à partir du sommet w	54
21	Dispositions de u dans T_n^*	55
22	Sous-arbre de démarrage de la construction de l'ACDM de H_n	55
23	Voisinnage d'un sommet dans un tore	56
24	Le tore 4×4	56
25	Un tore $T_{p,q}$ avec $p=2k$ et $q=2k'+1$	57
26	Arbres $C_{p,q}$ $(p \leq q)$	58
27	1-move sur $T_{p,q}$	60
28	Etape 3 de la nouvelle heuristique appliquée à un tore de médian r	65
29	Arbres obtenus par application des méthodes 1 et 2 aux graphes $G = K_2 \times P_N$.	66
30	Graphe d'itération de l'automate majorité parallèle de l'exemple 6.1.	89
31	Quelques cycles obtenus par modification de l'automate majorité parallèle de l'exemple 6.1	90

Résumé

Nous abordons dans la première partie de cette thèse le problème de la construction d'un arbre dans lequel la somme des distances entre toutes les paires de sommets est la plus petite possible parmi tous les arbres couvrants un graphe donné. Un tel arbre est appelé arbre couvrant de distance moyenne minimale (ACDM). Ce problème est connu comme NP-Dur même dans le cas des graphes homogènes.

Nous proposons une nouvelle formule pour évaluer la somme des distances entre paires de sommets dans un arbre. A partir de cette formule, nous proposons une nouvelle heuristique qui améliore la qualité des solutions obtenues par application des algorithmes d'approximation connus. La nouvelle heuristique est basée sur la maximisation de la somme des carrés des tailles des sous-arbres de l'arbre cible.

Nous nous intéressons à la structure d'un arbre optimal pour le problème ACDM et plus particulièrement nous montrons que dans un arbre optimal, l'union des branches d'un sommet de taille au plus $\sqrt{\frac{n}{2w^+}}$ est un sous-arbre localement de plus courts chemins à partir de ce sommet ; w^+ est le poids maximal d'une arête et n le nombre de sommets. Nous montrons également que le médian d'un arbre optimal couvrant un graphe homogène est lié dans l'arbre à tous ses voisins dans le graphe. Ces résultats sont établis en utilisant l'opération d'optimisation locale *1-move* qui consiste à créer un cycle dans un arbre par ajout d'une arête et à supprimer une autre arête de ce cycle.

Nous étudions le problème ACDM dans la cas de l'hypercube et du tore. Nous montrons que l'arbre binomial est un optimum local pour l'opération de *1-move* sur l'hypercube. Nous montrons également que le voisinage des deux centroids de l'arbre binomial est le même que dans l'arbre optimal de l'hypercube. Sur le tore, nous exhibons un arbre couvrant que nous nommons peigne et nous montrons qu'il s'agit d'un optimum local pour l'opération de *1-move*. Ces résultats en plus des valeurs exactes obtenues pour les petites dimensions de ces graphes renforcent les assertions qui stipulent que ces arbres sont des arbres couvrants de distance moyenne minimale.

Dans la seconde partie de cette thèse, nous étudions la convergence d'un modèle discret de dynamique d'opinions : les réseaux d'automates à fonction majorité. Dans ce modèle, à chaque pas d'itération chaque individu (représenté par un automate) dans la population évalue la pression sociale qu'il subit des différentes opinions présentes dans la population et adopte celle dont la pression est maximale. Nous montrons que si la matrice des influences entre membres de la population est quasi-symétrique alors, en mode parallèle les attracteurs du système sont des points fixes ou des cycles de longueurs deux et que dans le cas série, ceux-ci sont uniquement des points fixes. Grâce aux fonctions de Lyapunov que nous définissons pour les deux modes d'itération, nous donnons des bornes explicites à la longueur du transitoire d'un processus de formation d'opinions suivant le modèle des réseaux d'automates à fonction majorité.

Mots clés : ACDM, *1-move*, Hypercube, Tore, Dynamique des opinions, Fonction majorité, Quasi-symétrie, Fonction de Lyapunov.

Abstract

Using the modeling of network by weighted graphs, we discuss in the first part of this thesis the problem of building a tree for which the sum of distances between all pairs of vertices is the smallest among all possible spanning trees of a given graph. Such a tree is called a Minimum Average Distance Spanning Tree (MADST). This problem is known as NP-Hard even in the case of homogeneous graphs.

We propose a new formula to estimate the sum of distances between pairs of vertices in a tree. From this formula, we propose a new heuristic that improves the quality of solutions obtained by applying the known approximation algorithms. The new heuristic is based on the maximization of the sum of the squares of the sizes of the subtrees of the target tree.

We are interested in the structure of an optimal tree for the MADST problem and especially we show that in an optimal tree, the union of the branches of a vertex of size at most $\sqrt{\frac{n}{2w^+}}$ is a locally shortest paths subtree ; w^+ is the maximum weight of an edge and n the number of vertices. We also show that the median of an optimal spanning tree of a homogeneous graph is linked in the tree to all its neighbors in the graph. These results are established using the local optimization operation 1-move which consists of creating a cycle in a tree by adding an edge and deleting another edge of the cycle to reduce the sum of distances between vertices.

We study the MADST problem in the case of the hypercube and torus. We show that the binomial tree is a local optimum for the 1-move operation on the hypercube. We also show that the neigbourhood of the two centroids of the binomial tree is the same as in the optimal tree of the hypercube. On the torus, we exhibit a spanning tree that we call comb and we show that it is a local optimum for the 1-move operation. These results and the exact values obtained for small sizes hypercubes and torus reinforce the assertions which state that these trees are minimum average distance spanning trees of their respective graph.

In the second part of this thesis, we study the convergence of a mathematical model of opinion dynamics : automata networks with majority function. In this model, at each iteration step, each individual (represented by an automata) adopts the opinion which exerts on him the maximum social pressure. Under the assumption that the matrix of the interaction among members of the society is quasi-symmetric, we show that, in parallel mode, attractors of the system have period at most two and in sequential mode only fixed points are obtained. Using the Lyapunov functions we have defined for the both iteration mode, we give explicitly bounds for the transient length of an opinion dynamic process iterating according to the studied model.

Keywords : MADTP, 1-move, Hypercube, Torus, Opinion dynamic, Majority function, Quasi-symmetry, Lyapunov function.

Introduction Générale

Considérons un opérateur de télécommunication qui dispose d'un réseau assez fiable pour qu'un message émis à un point donné puisse atteindre sa destination en suivant un seul chemin. Considérons une entreprise qui dispose de plusieurs agences et dont l'activité nécessite une grande quantité d'échanges d'informations stratégiques entre toutes les paires d'agences. L'entreprise désire interconnecter ses différentes agences en utilisant les équipements de l'opérateur de télécommunication. Sachant que les coûts de transmission de messages entre deux points voisins du réseau sont définis par l'opérateur de télécommunication proportionnellement à la distance qui sépare ces points (ceci est simplification limitative), le responsable de l'entreprise, pour réduire ses frais de communication propose à l'opérateur de télécommunication de définir pour ses communications un sous-réseau du réseau principal dédié aux communications des agences de l'entreprise et tel que *le coût total des communications entre toutes les paires d'agences soit minimal*. L'opérateur de télécommunication décide alors de connecter les agences de l'entreprise cliente par un réseau en arbre qui minimisera la somme des distances entre toutes les paires d'agences. La structure d'arbre permet à l'entreprise de ne louer que le minimum de voies de communication nécessaires pour assurer l'interconnexion de ses agences.

L'opérateur de télécommunication va donc devoir trouver le meilleur sous-réseau en arbre qui garantisse une somme minimale des distances entre toutes les paires d'agences. Cette situation illustre le problème que nous abordons dans la première partie de cette thèse et qui peut de manière générale être considéré comme un problème de la détermination de l'arbre couvrant de distance moyenne minimale dans un graphe. Il s'agit d'un problème d'optimisation combinatoire sur les graphes qui se pose sous diverses formes dans de nombreux domaines parmi lesquels la conception et la construction de réseaux de communication, l'organisation de groupes de processus ou de pairs dans les systèmes d'exploitation et les systèmes distribués, l'alignement des séquences en biologie, ...

L'importance de ce problème pour les applications dans lesquelles il se pose et la difficulté à trouver une solution exacte justifient les nombreux travaux qui s'y sont attaqués. Nous apportons dans cette thèse une contribution à la résolution du problème notamment en démontrant des propriétés structurelles de l'arbre solution et en proposant quelques éléments pour la résolution du problème dans le cas de deux graphes homogènes : l'hypercube et le tore.

Cette partie de la thèse est organisée en trois chapitres. Dans le chapitre introductif

(Chapitre 1), nous décrivons le problème de l'arbre couvrant de distance moyenne minimale en partant d'une généralisation de celui-ci. Nous présentons par la suite les résultats montrant que ce problème est NP-Dur même dans le cas simple des graphes métriques. Nous décrivons les deux grandes classes d'algorithmes exacts proposés dans la littérature pour aborder ce problème ainsi que les heuristiques qui en sont déduites. Nous terminons ce chapitre par la présentation des algorithmes d'approximation qui tous utilisent la construction d'arbres de plus courts chemins à partir de sous-arbres ayant certaines caractéristiques. A partir de résultats établis dans la littérature sur la qualité des arbres de plus courts chemins à partir d'un sommet, nous faisons remarquer qu'il est impossible de manière générale de ne limiter l'espace de recherche de la solution qu'à l'ensemble des arbres de plus courts chemins à partir des sommets d'un graphe. Nous faisons également remarquer que même dans le cas où l'on peut restreindre la recherche de l'arbre solution à l'ensemble des arbres de plus courts chemins à partir d'un sommet, il est nécessaire de parcourir l'ensemble de tous ces arbres. En utilisant une opération de recherche locale appelée *1-move* et qui consiste, partant d'un arbre T couvrant un graphe G, à l'améliorer en ajoutant une arête e appartenant à l'ensemble des arêtes du graphe et qui ne sont pas arêtes de l'arbre, puis en supprimant une autre arête dans l'unique cycle créé dans T par l'ajout de e, nous montrons que si l'on ne s'interresse qu'aux arbres de plus courts chemins, alors un optimum local pour le *1-move* n'est pas toujours un optimum global. En plus, nous montrons que dans certains cas, l'optimum local que l'on obtient par application d'opérations de *1-move* peut s'avérer être par la suite très difficile à améliorer car plusieurs *1-move* doivent être appliquées simultanément à celui-ci pour obtenir un arbre dont la distance moyenne entre les sommets est plus petite.

Dans le Chapitre 2, nous proposons une nouvelle formule pour l'évaluation de la somme des distances entre paires de sommets d'un arbre. Cette formule met en évidence l'importance de la somme des carrés des tailles des sous-arbres d'un arbre pour la minimisation de la somme des distances entre les paires de ses sommets. Par la suite, nous utilisons cette formule et l'opération de *1-move* pour caractériser le voisinage du médian de l'arbre optimum et nous montrons que dans un arbre couvrant de distance moyenne minimale, les sous-arbres dont la taille est inférieure à une certaine valeur sont des sous-arbres de plus courts chemins à partir de leur racine.

Nous présentons dans le Chapitre 3 les résultats de l'étude du problème de l'arbre couvrant de distance moyenne minimale sur deux graphes homogènes : l'hypercube et le tore. Nous montrons que même dans ces cas simples, le problème reste difficile bien que les résultats que nous démontrons permettent de penser que les arbres couvrants de distance moyenne minimale de ses graphes sont des arbres particuliers bien identifiés. Nous montrons en effet que l'arbre binomial et l'arbre que nous appelons peigne sont respectivement des optimums locaux pour l'opération de *1-move* sur l'hypercube et le tore. Nous présentons également dans ce chapitre une nouvelle heuristique de construction de solutions au problème étudié pour les graphes homogènes et qui s'applique très bien à l'hypercube et au tore. Cette heuristique est basée sur la nouvelle formule d'évaluation de la somme des distances entre paires de sommets dans un arbre que nous avons proposée et elle permet d'améliorer les solutions obtenues dans la littérature grâce à la maximisation de la somme des carrés des tailles des sous-arbres de l'arbre solution.

La seconde partie de cette thèse est consacrée à l'étude d'un autre problème de communication : la dynamique des opinions. Il s'agit précisément de mieux comprendre le processus de formation d'opinions dans un système social où l'échange d'information, les relations de confiance entre individus et les pressions exercées par des sources externes sont des facteurs qui influencent ce processus. En général, l'étude de ces processus passent par la construction de modèles mathématiques et informatiques sur la base des connaissances empiriques. Ces modèles sont alors des outils d'analyse de ces systèmes complexes et ils permettent de mieux comprendre l'impact des différents paramètres du système sur son évolution. Les modèles sont en général des outils assez simplifiés au sens où ils ne prennent généralement pas en compte toute la complexité des systèmes qu'ils représentent. Malgré cette limite, les modèles permettent d'avoir une première approximation du comportement du système étudié.

Nous étudions en particulier ce problème de dynamique d'opinions dans les réseaux d'automates à fonction majorité. Il s'agit d'un modèle discret de dynamique d'opinions dans lequel à chaque opinion présente dans le réseau social est associé un impact social. Ce dernier peut par exemple représenter l'ampleur de la publicité effectuée pour un produit ou encore l'importance sociale d'une opinion. A chaque pas d'itération, chaque individu (représenté par un automate) dans la population évalue la pression sociale qu'il subit des différentes opinions possibles et adopte celle dont la pression est maximale. La pression sociale d'une opinion pour un individu donné est définie comme la somme des poids des influences (sur l'individu cible) des individus constituant la population qui ont adopté cette opinion à l'itération précédente ; cette somme étant pondérée par l'impact social de l'opinion.

Cette partie de la thèse est composée de deux chapitres. Le Chapitre 4 introduit la dynamique des réseaux d'automates et présente l'état de l'art de la dynamique des opinions dans les réseaux sociaux. Nous décrivons les différents modèles de dynamique d'opinions connus dans la littérature ainsi que les principaux résultats établis pour ces modèles. Ces résultats qui sont des résultats théoriques et de simulations portent pour la plupart sur les conditions qui conduisent le processus de mise-à-jour des opinions dans une population à converger vers des situations de consensus où toute la population adopte une opinion, vers des situations de polarisation où la population est scindée en deux parties, les membres de chaque partie partageant la même opinion ou plus généralement vers des situations de fragmentation où la population est divisée en plusieurs groupes d'individus partageant la même opinion.

Nous décrivons dans le Chapitre 5 le modèle des réseaux d'automates à fonction majorité. Nous étudions ensuite la dynamique d'un réseau social dans lequel les individus mettent à jour leur opinion en utilisant la fonction majorité soit tous en même temps (itération parallèle) soit une personne à la fois (itération série). Cette étude nous a permis de caractériser le comportement d'un réseau social à l'équilibre, c'est-à-dire lorsqu'un cycle est atteint et de déterminer le temps mis par le système pour atteindre un état d'équilibre. Nous montrons que lorsqu'une certaine régularité (la quasi-symétrie) sur les poids des influences entre opinion des membres du réseau social est imposée, dans le cas de l'itération parallèle, l'équilibre n'est pas toujours un point fixe dans lequel chaque individu dans la population a une opinion qui n'évolue plus.

Première partie

Arbre Couvrant de Distance Moyenne Minimale

CHAPITRE PREMIER

ETAT DE L'ART

1.1 Le problème

Le problème de la détermination de l'arbre couvrant de distance moyenne minimale que nous traitons dans la première partie de cette thèse est un problème d'optimisation combinatoire sur les graphes introduit par Hu [2]. A partir de la formulation du problème d'acheminement de ressources sous contrainte de coût qui est une généralisation du problème de l'arbre couvrant de distance moyenne minimale, nous décrivons dans cette section le problème étudié ainsi que les définitions et notations associées.

1.1.1 Problème général d'acheminement de ressources sous contrainte de coût

Considérons un ensemble de n sommets $V = \{1, ..., n\}$ et un ensemble de m arêtes $E \subseteq \{\{i,j\} : i \in V \text{ et } j \in V\}$ sur ces sommets, tels que le graphe $G = (V, E)$ soit connexe. Dans la suite, nous utiliserons les notations $V(G)$ et $E(G)$ pour désigner respectivement l'ensemble des sommets du graphe G et l'ensemble de ses arêtes. Sur le graphe G, l'on dispose à chaque sommet d'une certaine quantité (éventuellement nulle) de ressources que l'on désire acheminer vers un autre sommet. Considérons une fonction w qui à chaque arête $e = \{i,j\} \in E$ associe un poids positif $w(e)$ représentant le coût unitaire d'acheminement de ressources le long de cette arête. A chaque arête $e = \{i,j\} \in E$ du graphe est également associé un coût de construction $c_{ij} > 0$. Le problème général d'acheminement de ressources sous contrainte de coût consiste en la sélection d'un sous ensemble A d'arêtes du graphe G tel que le coût total d'acheminement des ressources dans le sous-graphe de G engendré par A soit minimal, sous la contrainte que le coût de construction des arêtes de A ne dépasse pas le budget disponible.

Wong [3] a proposé pour ce problème une formulation sous forme de problème de programmation linéaire à variables mixtes. Plus formellement, il introduit les notations suivantes :

- une matrice des besoins $R = (r_{ij};\ 1 \leq i,j \leq n)$, où $r_{ij} \in \mathbb{R}^+$ est la quantité de ressources à acheminer du sommet i vers le sommet j ;
- une matrice de coût de construction $C = (c_{ij};\ 1 \leq i,j \leq n)$, où $c_{ij} \in \mathbb{R}^+$ est le coût de construction de l'arête $\{i,j\}$;
- une matrice de coût d'acheminement $W = (w_{ij};\ 1 \leq i,j \leq n)$, où $w_{ij} \in \mathbb{R}^+$ est le coût unitaire d'acheminement d'une ressource sur l'arête $\{i,j\}$;
- un budget de construction $B > 0$.

Le problème général d'acheminement de ressources sous contrainte de coût peut alors s'écrire ainsi qu'il suit [3] :

Minimiser $\sum_{\{i,j\} \in A} \sum_{1 \leq k,l \leq n} w_{ij} x_{ij}^{kl}$

sujet à :
$$\sum_j x_{ij}^{kl} - \sum_q x_{qi}^{kl} = \begin{cases} r_{kl} & \text{si } i = k \\ -r_{kl} & \text{si } i = l \\ 0 & \text{sinon} \end{cases}$$

$$x_{ij}^{kl} \leq r_{kl} y_{ij},\ \sum_{1 \leq i,j \leq n} c_{ij} y_{ij} \leq B$$

$$x_{ij}^{kl} \geq 0,\ y_{ij} \in \{0,1\} \text{ pour } \{i,j\} \in A, 1 \leq k,l \leq N$$

où x_{ij}^{kl} est la quantité de ressources à acheminer du sommet k au sommet l et qui transite par l'arête $\{i,j\}$ de i vers j,

$y_{ij} = 1$ si l'arête $\{i,j\}$ est sélectionnée, et $y_{ij} = 0$ sinon.

Dans cette formulation, $\sum_j x_{ij}^{kl}$ est la quantité de ressources devant aller du sommet k au sommet l, et qui au cours du processus d'acheminement, emprunte les arcs sortants du sommet i (flux sortant). De même, $\sum_q x_{qi}^{kl}$ représente la quantité de ressources devant aller du sommet k au sommet l, et qui au cours de l'acheminement, emprunte les arcs entrants au sommet i (flux entrant). La première contrainte de la formulation porte donc sur la différence entre le flux sortant et le flux entrant. Elle exprime le fait que :

- si $i = k$ (Fig. 1(a)), alors il n'y a pas de flux entrant et le flux sortant est r_{kl},
- si $i = l$ (Fig. 1(c)), alors il n'y a pas de flux sortant et le flux entrant est r_{kl},
- si $i \neq k$ et $i \neq l$ (voir Fig. 1(b)), alors le flux entrant est égal au flux sortant car i est un sommet intermédiaire pour les ressources devant aller de k à l.

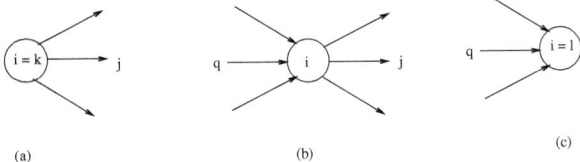

Figure 1 – Flux aux sommets d'un graphe

Le problème général d'acheminement de ressources sous contrainte de coût permet

Etat de l'art

de modéliser la conception de réseaux de transport par avion, train ou route entre des points qui peuvent être des pays, des villes ou des points particuliers dans une ville. Le but à atteindre dans ces applications est en général celui de la maximisation de la satisfaction des clients utilisant ces moyens de transport tout en réduisant autant que possible les coûts de construction et/ou d'exploitation. Ce problème généralise de nombreux cas particuliers de problèmes tels que l'optimisation d'un réseau de transport et l'arbre couvrant minimisant la distance moyenne.

1.1.2 Problème d'optimisation d'un réseau de transport

Hoang [4] a étudié un cas particulier du problème général d'acheminement de ressources sous contrainte de coût. Il s'agit du problème de la construction d'un sous-graphe connexe couvrant un graphe et qui minimise la somme des distances entre sommets avec pour contrainte que le coût de construction du sous-graphe ne dépasse pas une valeur donnée. Si l'on note G_A le graphe induit par le sous-ensemble de sommets A alors ce problème est un cas particulier du problème général d'acheminement de ressources sous contrainte de coût pour lequel $r_{kl} = 1$ et $x_{ij}^{kl} \in \{0, 1\}$ pour tout $1 \leq i, j, k, l \leq n$. Pour ce problème, une fois la solution combinatoire trouvée, on peut se ramener au problème général en posant $x_{ij}^{kl} = 1$ si l'arête $\{i, j\}$ se trouve sur le plus court chemin de k à l et $x_{ij}^{kl} = 0$ sinon.

Ce problème d'optimisation d'un réseau de transport a été étudié par Johnson, Lenstra et Rinnoy-Kan [5] dans une version plus simple. Formellement, étant donné un graphe connexe $G = (V, E)$, une fonction w de pondération positive des arêtes et deux entiers B et F, il s'agit de trouver un sous-graphe G' de G tel que $\sum_{\{i,j\} \in E(G')} w(\{i, j\}) \leq B$ et $D(G') = \sum_{\{i,j\} \subseteq V} d_{G'}(i, j) \leq F$; où $d_{G'}(i, j)$ est la distance entre les sommets i et j dans G', c'est-à-dire la somme des poids des arêtes sur un plus court chemin de i à j dans G'. Dans le cas particulier où toutes les arêtes du graphe ont un poids égal à 1 et B est fixé à $n - 1$, G' est forcément un arbre.

1.1.3 Problème de l'arbre couvrant minimisant la distance moyenne

Soit T un arbre couvrant d'un graphe $G = (V, E)$ muni d'une fonction w de pondération positive des arêtes. Notons par $D(T) = \sum_{\{i,j\} \subseteq V} d_T(i, j)$ la somme des distances entre toutes les paires de sommets dans T. Le problème de l'arbre couvrant de distance moyenne minimale [2, 6] est celui de la construction d'un arbre T couvrant G qui minimise $D(T)$. Cet arbre est appelé en anglais *Minimum Average Distance (MAD) spanning tree* de G ou plus simplement *MAD tree* de G. En effet, un arbre couvrant T minimisant $D(T)$ minimise également $D(T)/\binom{n}{2}$ qui est la distance moyenne entre paires de sommets dans T. Dans la suite, nous utiliserons l'abréviation ACDM pour désigner suivant le contexte le problème de l'Arbre Couvrant de Distance moyenne Minimale ou l'arbre couvrant de distance moyenne minimale.

Le problème de l'arbre couvrant minimisant la distance moyenne se pose sous diverses formes dans de nombreux domaines parmi lesquels la conception et la construction de réseaux de communication, l'organisation de groupes de processus ou de pairs dans les systèmes d'exploitation et les systèmes distribués, l'alignement des séquences en biologie et l'analyse des propriétés de molécules en chimie.

Par exemple, dans les systèmes pair-à-pair, il y a généralement au dessus de l'architecture physique un graphe de communication entre des pairs qui doivent collaborer pour la réalisation de certaines tâches. Les performances des applications dans ce contexte sont alors fortement liées aux protocoles de gestion des groupes. La gestion d'un groupe de nœuds consiste au maintien du graphe de connexion après activation ou désactivation (volontaire ou suite à une panne) de certains nœuds. Dans les applications où la scalabilité (propriété de passage à l'échelle sans perte de qualité de service) n'est pas une contrainte, le graphe de communication peut être un graphe complet. Une telle structure n'est cependant pas envisageable dans la plupart des applications, à cause du nombre trop élevé de messages qu'elle impliquerait dans le groupe et la taille de la mémoire qu'elle imposerait pour chaque nœud. En effet, chaque nœud doit conserver des informations par rapport à chaque nœud auquel il est connecté. Des protocoles déterministes ont été proposés dans la littérature pour assurer la gestion de tels groupes [7, 8, 9]. Certains parmi ces protocoles s'appuient sur des structures de communication arborescente minimisant la somme des distances de communication entre nœuds. Dans [9] en particulier, Nlong II et Denneulin montrent que l'arbre binomial permet d'obtenir de bonnes performances. Nous traitons des propriétés de cet arbre dans le chapitre 3 de cette thèse et apportons quelques éléments allant dans le sens de la démonstration de la conjecture qui stipule qu'il s'agit de l'arbre couvrant de distance moyenne minimale de l'hypercube [10].

L'alignement de séquences de gènes est une opération très importante en biologie car elle permet la mise en évidence de sous-séquences communes entre des gènes et donc de fonctions biologiques communes. Le problème de l'alignement de séquences consiste en la donnée d'un ensemble de n séquences génétiques qu'il faut aligner (une séquence par ligne) et dans lesquelles on peut ajouter des trous sans changer l'ordre des caractères dans les séquences. Le but de l'alignement est de minimiser une certaine fonction objective. Parmi les fonctions objectives utilisées, la plus populaire appelée en anglais *sum-of-pairs* est la somme des distances entre paires de séquences ; cette distance est évaluée en sommant les distances d'édition entre caractères alignés sur la même colonne. Le problème de l'alignement des séquences a été formalisé comme un problème d'optimisation équivalent à ACDM [11]. En effet le graphe complet ayant pour sommets les séquences et pour poids des arêtes les distances d'édition entre séquences, peut être utilisé comme donnée initiale de ACDM. La distance entre deux séquences est alors majorée par la distance entre ces séquences dans l'arbre couvrant. Dans [12, 13], les algorithmes approchés pour ACDM obtenus avec cette approche sont implémentés et testés sur des instances du problème d'alignement de séquences.

La somme des distances entre toutes les paires de sommets dans un graphe a été étudiée par plusieurs communautés de chercheurs avec parfois des noms différents. En chimie cette mesure est utilisée sous le nom d'*indice de Wiener* car Harold Wiener [14] fut le premier à la considérer comme un descripteur dans l'étude des propriétés de certaines molécules rencontrés en chimie. Il s'agissait alors d'un descripteur topologique utilisé pour étudier les propriétés physiques de certains types d'alcanes qui sont des molécules et peuvent donc être représentés par des graphes dans lesquels les atomes sont des sommets et les liaisons chimiques entre atomes sont des arêtes. Ce descripteur est encore aujourd'hui largement utilisé en Chimie notamment parce qu'il est lié à de nombreuses propriétés chimiques des molécules [15]. C'est également dans le cadre de l'étude des propriétés topologiques de molécules que Hosoya [16] exprime pour la première fois l'indice de Wiener comme une somme des distances entre paires de sommets dans un graphe quelconque. L'indice de Wiener est utilisé par la communauté des mathématiciens et informaticiens sous le nom *coût de routage* [12, 6, 13] ou *distance d'un graphe* [17, 1]. Dans la suite, nous utiliserons le terme indice de Wiener pour désigner la somme des distances entre toutes les paires de sommets dans un graphe.

Notons que ACDM a également été étudié dans le cas où la structure du graphe est modifiée dans le temps. Plus précisément dans ce cas, des algorithmes d'approximation ont été proposés par Thibault et al. [18, 19, 20] pour construire chaque fois que le graphe est modifié, un nouvel arbre dont la somme des distances est la plus proche possible de la valeur minimale.

Nous considérons dans cette partie de la thèse le problème ACDM. Après une revue de la littérature nous poursuivons par la présentation de quelques propriétés structurelles de l'arbre couvrant de distance moyenne minimale. Nous présentons ensuite les résultats de l'étude du problème sur les deux graphes réguliers que sont l'hypercube et le tore. Nous proposons pour terminer une nouvelle heuristique pour la construction d'arbre couvrant de distance moyenne minimale.

1.2 Complexité

1.2.1 NP-complétude du problème d'optimisation d'un réseau de transport

Johnson, Lenstra et Rinnooy Kan [5] ont montré que le problème d'optimisation d'un réseau de transport qui consiste en la construction d'un sous-graphe connexe couvrant un graphe et qui minimise la somme des distances entre sommets avec pour contrainte que le coût de construction du sous-graphe ne dépasse pas une valeur donnée est NP-Complet. En effet, il est aisé de montrer que ce problème appartient à NP car il est possible en temps polynomial de déterminer si un sous-graphe est ou n'est pas une solution du problème. Par ailleurs, dans [5] une réduction en temps polynomial d'une instance d'une variante du problème du sac à dos, appelé en anglais KNAPSACK, à une instance du problème d'optimisation d'un réseau de transport peut être construite ainsi qu'il suit. Soit les entiers positifs $n, a_1, ..., a_n, b$. La variante du KNAPSACK utilisée consiste à déterminer s'il existe un sous ensemble $S \subset T = \{1, ..., n\}$ tel que $\sum_{i \in S} a_i = b$. Étant donnée une instance de cette variante du KNAPSACK, l'instance suivante du problème d'optimisation d'un réseau de transport (Fig. 2) est construite [5] :

Etat de l'art

- $V = \{0\} \cup \{1, ..., n\} \cup \{1', ..., n'\}$
- $E = \{\{0, i\}, \{0, i'\}, \{i, i'\} \ : \ i \in T\}$
- $w(\{0, i\}) = w(\{0, i'\}) = w(\{i, i'\}) = a_i$ pour tout $i \in T$
- $B = 2\sum_{i=1}^{n} a_i + b$
- $F = 4n\sum_{i=1}^{n} a_i - b$

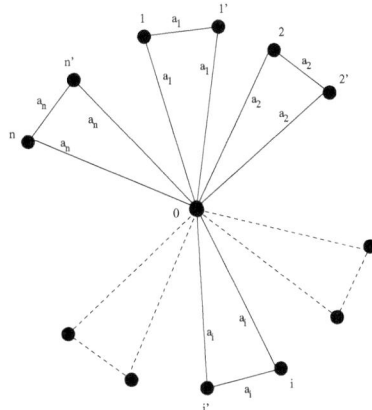

Figure 2 – Instance du problème d'optimisation d'un réseau de transport déduite d'une instance d'une variante du KNAPSACK

Si G' est une solution du problème d'optimisation d'un réseau de transport pour l'instance ci-dessus, alors on remarque que $\forall i \in T$, $\{0, i\} \in E(G')$ et $\{0, i'\} \in E(G')$. Supposons que $E(G') = \{\{0, i\}, \{0, i'\} \ : \ i \in T\}$. L'ajout d'un certain nombre d'arêtes de l'ensemble $\{\{i, i'\} \ : \ i \in T\}$ tel que la somme des poids de ces arêtes soit b permet de faire passer le poids de G' de $2\sum_{i=1}^{n} a_i$ à $B = 2\sum_{i=1}^{n} a_i + b$ et l'indice de Wiener de G' de $4n\sum_{i=1}^{n} a_i$ à $F = 4n\sum_{i=1}^{n} a_i - b$. Résoudre le problème d'optimisation d'un réseau de transport permettrait donc de résoudre la variante du KNAPSACK.

Définition 1.1. *(Graphe homogène) Un graphe $G = (V, E)$ muni d'une fonction de pondération positive de ses arêtes est dit homogène si toutes ses arêtes ont le même poids. On peut dans ce cas, sans nuire à la généralité, considérer que ce poids est 1.*

Le problème d'optimisation d'un réseau de transport admet des solutions qui peuvent ne pas être des arbres. Lenstra et Rinnooy Kan [5] ont montré que le problème reste NP-Complet lorsque le graphe est homogène et on impose à la solution d'être un arbre. La preuve est établie en utilisant une réduction du problème EXACT 3-COVER au problème d'optimisation d'un réseau (un arbre) de transport sur un graphe homogène.

Une instance de EXACT 3-COVER est un couple (X, Z) tel que $X = \{X_1, ..., X_s\}$ est un ensemble de sous-ensembles à 3 éléments de $Z = \{z_1, ..., z_{3n}\}$; la question est : existe-t-il $i_1, i_2, ..., i_p$ tels que les X_{i_j} soient deux à deux disjoints et $X_{i_1} \cup X_{i_2} \cup ... \cup X_{i_p} = Z$? Une telle instance est transformée en l'instance suivante du problème d'optimisation d'un réseau

Etat de l'art

de transport sur un graphe homogène (Fig. 3) :

- $V = X \cup Z \cup Y$ où $Y = \{y_0, ..., y_r\}$ et $r = 18n(n-1) + s(s-1) + 9ns$
- $E = \{\{y_0, y_i\} \ : \ i = 1, ..., r\} \cup \{\{y_0, X_j\} \ : \ X_j \in X\} \cup \{\{X_j, z\} \ : \ z \in X_j \in X\}$
- $F = 2n(9n-6) + r^2 + s^2 + 9n(r+s) + 2rs$

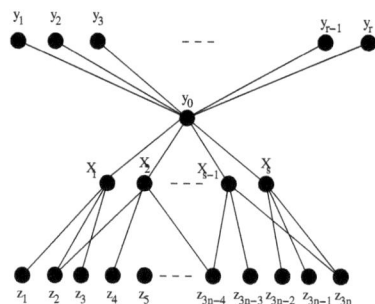

Figure 3 – Instance du problème d'optimisation d'un réseau de transport déduite d'une instance de EXACT 3-COVER

Johnson, Lenstra et Rinnooy Kan [5] montrent que si cette instance du problème d'optimisation d'un réseau simple de transport admet une solution, alors il s'agit d'un arbre dans lequel tous les sommets $X_j \in X$ sont adjacents à y_0 et chaque sommet $X_j \in X$ est adjacent soit à 3 soit à aucun élément de Z. Les sommets $X_j \in X$ de degré 4 constituent alors les éléments d'une solution du problème EXACT 3-COVER.

Le problème d'optimisation d'un réseau de transport utilisé pour la réduction ci-dessus consiste en la construction d'arbres, mais il s'agit d'arbres couvrant des graphes homogènes. Nous présentons dans le prochain paragraphe les résultats de complexité obtenus dans le cas des graphes non homogènes et métriques.

1.2.2 NP-difficulté de ACDM sur graphes métriques

Le problème de l'arbre couvrant de distance moyenne minimale a été étudié dans le cas des graphes métriques. En particulier, Wu et al. [13] ont montré qu'une instance de ACDM dans le cas général peut être réduite en temps polynomial en une instance de ACDM sur un graphe métrique. La réduction consiste à construire pour un graphe $G = (V, E)$ quelconque muni de la fonction de pondération w, sa fermeture métrique $\bar{G} = (\bar{V}, \bar{E})$ qui est le graphe complet des sommets de G auquel on associe la fonction de pondération δ définie par : $\forall \{i, j\} \in V^2, \delta(\{i, j\}) = d_G(i, j)$. A partir de la solution T de ACDM sur $\bar{G}$, la solution pour G est construite de la manière suivante (Fig. 4) :

1. choisir une arête $\{a,b\}$ de T qui n'existe pas dans G ou qui existe dans G mais avec $w(\{a,b\}) \neq \delta(\{a,b\})$; une telle arête est dite *mauvaise arête*. Soit $ch = (a, x, ..., b)$ un plus court chemin de a à b dans G ;
2. enraciner T par a ;
3. si dans cet arbre enraciné, le sommet b n'est pas un ancêtre de x alors construire les arbres $Y1$ et $Y2$ comme suit : $Y1 = T \cup \{x, b\} - \{a, b\}$ et $Y2 = Y1 \cup \{a, x\} - \{x, y\}$ (Fig. 4(a)) ;
4. si dans cet arbre enraciné, le sommet b est un ancêtre de x alors construire les arbres $Y1$ et $Y2$ comme suit : $Y1 = T \cup \{x, a\} - \{a, b\}$ et $Y2 = Y1 \cup \{b, x\} - \{x, y\}$ (Fig. 4(b)) ;
5. considérer T comme l'arbre qui a le plus petit indice de Wiener parmi $Y1$ et $Y2$;
6. reprendre à l'étape 1 tant qu'il existe des mauvaises arêtes.

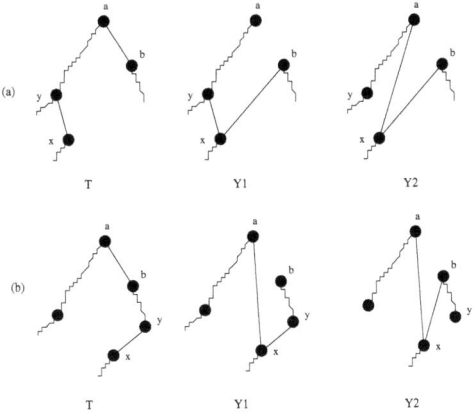

Figure 4 – Construction de $Y1$ et $Y2$ à partir de T

La procédure ci-dessus permet à chaque itération de remplacer une mauvaise arête soit par une autre mauvaise arête dont le poids est inférieur à celui de la première arête (cas où $Y1$ est considéré comme le nouvel arbre) soit par une arête de G et une mauvaise arête dont le poids est inférieur à celui de la mauvaise arête initiale. En utilisant les équations bilan sur les indices de Wiener avant et après modification des arbres, Wu et al. [13] ont montré que si $D(Y1) > D(T)$ alors $D(T) \geq D(Y2)$. Cette procédure ne peut être menée qu'un nombre fini de fois compte tenu de l'argument de monotonie. À la fin de la procédure, dont la complexité est $O(n^3)$, on a donc un arbre couvrant de G sans mauvaise arête dont l'indice de Wiener est au plus égale à celui de T, c'est-à-dire un arbre couvrant optimal. Wu et al. [13] déduisent de cette construction que ACDM sur des graphes métriques est aussi NP-difficile.

Etat de l'art 13

1.3 Méthodes exactes par programmation en nombres entiers

Malgré la complexité du problème de l'arbre couvrant de distance moyenne minimale, des algorithmes d'énumération implicites pour la recherche de solutions exactes ont été proposés dans la littérature. Ces algorithmes peuvent être regroupés en deux classes : les algorithmes basés sur des variables associées aux arêtes du graphe et les algorithmes qui utilisent des variables de décision associées aux chemins dans le graphe.

1.3.1 Algorithmes exacts avec variables associées aux arêtes

Hoang [4] a proposé la formulation suivante du problème d'optimisation d'un réseau de transport : soit un graphe $G = (V, E)$ avec $E = \{e_1, ..., e_m\}$ et une fonction de pondération w qui à chaque arête $e_i \in E$ associe un réel positif $w(e_i)$. Soit G_p un sous-graphe de G ; on notera par la suite $G_p \subseteq G$. Au graphe G_p on associe le vecteur $X_{G_p} = (x_1^p, ..., x_m^p)$ tel que $x_i^p = 1$ si l'arête e_i appartient à G_p et $x_i^p = 0$ sinon. Soit L un réel représentant le poids maximal du sous-graphe à construire ; le problème d'optimisation d'un réseau de transport peut alors s'écrire :

Minimiser $\quad \frac{1}{2} \sum_{i,j \in V} d_{G_p}(i,j) \quad$ pour $G_p \subseteq G$ et G_p connexe

sujet à

$$\sum_{k=1}^{m} w(e_k) x_k^p \leq L$$

Soit $\mathbb{X} = \{(x_1, ..., x_m) \in \{0,1\}^m\}$ l'ensemble des solutions potentielles. L'approche de résolution proposée par Hoang consiste à partitionner à chaque étape l'ensemble des solutions potentielles courantes en deux sous-ensembles par assignation d'une valeur à une variable x_r ($1 \leq r \leq m$). Un sous-ensemble de $\mathbb{X}$ obtenu après partitionnement est caractérisé par le fait que certaines variables x_i ($1 \leq i \leq m$) ont leur valeur fixée à 0 ou à 1 et les valeurs des autres variables peuvent encore varier. Les variables à valeur fixée sont appelées variables liées (car il s'agit de celles qui ont été utilisées pour les partitionnements) tandis que les autres variables sont dites libres et appartiennent à un ensemble que nous noterons K. Pour chaque sous-ensemble obtenu après partitionnement, une évaluation de la borne inférieure de l'indice de Wiener pour les graphes appartenant à ce sous-ensemble permet soit de continuer le partitionnement de l'ensemble soit de l'éliminer (parce qu'il ne contient pas de solution satisfaisant les contraintes ou parce que sa borne inférieure est supérieure à la meilleur solution courante). Pour toute arête $e_k = \{i,j\}$ de G et pour tout sous-graphe G_p de G, Hoang [4] définit les fonctions $f_k(G_p) = d_{G_p - e_k}(i,j) - d_{G_p}(i,j)$ et $F_k(G_p) = D(G_p - e_k) - D(G_p)$ où $Gp - e_k$ est le graphe obtenu à partir de G_p par suppression de l'arête e_k. La fonction f_k mesure l'importance *locale* de l'arête e_k pour le plus court chemin de i à j tandis que F_k mesure l'importance *globale* de cette arête pour tous les plus courts chemins du sous-graphe. Pour un sous-ensemble de $\mathbb{X}$ donné, obtenu par partitionnement, on note X_p le vecteur tel que les valeurs de toutes les variables

Etat de l'art

libres sont fixées à 1 et les variables liées conservent leur valeur. X_p est appelé vecteur caractéristique de ce sous-ensemble. Le théorème suivant donne une borne inférieure à l'indice de Wiener des éléments d'un sous-ensemble de solutions potentielles.

Théorème 1.1. *(Hoang [4]) Soit S un sous-ensemble obtenu après des partitions de $\mathbb{X}$. Soit X_p le vecteur caractéristique de S. Pour toute solution potentielle $X = (x_1, ..., x_m) \in S : D(G_X) \geq D(G_{X_p}) + \sum_{k \in K}(1 - x_k) f_k(G_{X_p})$; où $G_X = (V, E_X)$ avec $E_X = \{e_i \in E \ / \ x_i = 1\}$.*

La relation établie dans le théorème précédent indique que l'indice de Wiener de tout graphe G_X pouvant être obtenu à partir de X_p est minoré par l'indice de Wiener de G_{X_p} auquel l'on ajoute la somme des variations de distances entre sommets incidents aux arêtes supprimés dans G_{X_p} pour obtenir G_X. Sur la base de ce résultat, Hoang [4] propose l'algorithme d'énumération implicite suivant pour résoudre le problème d'optimisation d'un réseau de transport.

Algorithme 1 Hoang

1: Choisir une solution initiale X telle que toutes les variables soient libres.
2: Tant qu'il existe des ensembles de solutions potentielles, choisir un ensemble S_p. Soit X_p le vecteur caractéristique de cet ensemble.
3: Considérer le problème de programmation linéaire en nombres entiers suivant :
$$\text{Minimiser} \quad D(G_{X_p}) + \sum_{k \in K}(1 - x_k) f_k(G_{X_p}) \quad \text{pour } X \subseteq S_p \text{ et } G_X \text{ connexe}$$
Sous la contrainte
$$\sum_{k=1}^{m} w(e_k) x_k \leq L$$
4: Résoudre la relaxation du problème précédent en considérant que $x_i \in \mathbb{R}^+$ pour $i \in \{1, ..., m\}$.
5: Si dans la solution X^* au problème précédent on note $x_1^*, ... x_e^*$ les variables libres triées par ordre croissant du rapport $f_k(G_{X_p})/w(e_i)$, alors prendre $x_k^* = 0$ pour $k = 1, ..., r-1$ puis $x_k^* = 1$ pour $k = r+1, ..., e$ et x_r^* telle que $\sum_{k=r}^{e} w(e_k) x_k^* = L - \sum_{k \notin K} w(e_k) x_k$.
6: Considérer $LB = D(G_{X_p}) + \sum_{k \in K}(1 - x_k^*) f_k(G_{X_p})$ comme la borne inférieure de l'indice de Wiener pour les éléments de l'ensemble S_p.
7: Si LB est supérieur à l'indice de Wiener de la solution courante, alors éliminer cet ensemble, sinon le scinder en le partitionnant en deux sous-ensembles avec respectivement $x_r^* = 0$ et $x_r^* = 1$.
8: Retourner à l'étape 2.

La solution proposée par Hoang consiste à résoudre après sélection d'un ensemble d'arêtes la relaxation continue du problème KNAPSACK, ce qui se fait en temps polynomial par l'algorithme de Dantzig [21]. La solution à ce problème permet de borner l'indice de Wiener des solutions potentielles appartenant à l'ensemble courant. Le choix de la variable x_r^* comme variable de partitionnement est guidé par le fait qu'il s'agit de la plus grande variable libre qui permet de maximiser l'utilité des arêtes qui sont ajoutées au graphe sans dépasser le poids maximal du graphe à construire.

Dionne et Florian ont proposé dans [22] un certain nombre d'améliorations de l'algorithme de Hoang. Ils remarquent que dans Algorithme 1, une série d'opérations de

Etat de l'art

séparation ou partitionnement (suppression d'une arête de G_p) et de backtracking (ajout d'une arête dans G_p) est exécutée. Après chaque opération, les plus courts chemins sont calculés en utilisant l'algorithme de Floyd [23] dont la compléxité est $O(n^3)$. Dionne a proposé dans [24] une version de l'algorithme de Murchland [25] adaptée aux graphes non-orientés pour le calcul des plus courts chemins. Dionne et Florian indiquent que cet algorithme qui utilise les informations de G_p avant l'opération de séparation ou de backtracking pour calculer les plus courts chemins après l'opération, a produit expérimentalement des gains en temps de calcul allant jusqu'à 2.3% pour la séparation et 13% pour le backtracking. La seconde amélioration de l'algorithme de Hoang proposée par Dionne et Florian est celle du choix de la variable de séparation x_r^* à l'étape 5 de Algorithme 1. Ils proposent les deux choix suivants :

1. Trier par ordre croissant les variables libres $x_1^*, ... x_e^*$ selon le rapport $f_k(G_{X_p})/w(e_i)$ (comme dans l'algorithme de Hoang) et choisir x_1^* comme variable de séparation (au lieu de x_r^* dans Algorithme 1).

2. Trier par ordre croissant les variables libres $x_1^*, ... x_e^*$ selon le rapport $F_k(G_{X_p})/w(e_i)$ et choisir x_1^* comme variable de séparation.

Dionne et Florian justifient le choix de la variable x_1^* par le fait qu'il s'agit de la variable dont le choix entraîne la plus petite perte dans la construction de la solution. Ils estiment que dans certains cas la fonction F_k qui mesure l'utilité globale d'une arête pourrait être plus adaptée que f_k pour le choix de la variable de séparation ; d'où la seconde proposition. A partir de ces propositions, Dionne et Florian [22] proposent, quatre versions de l'algorithme de Hoang modifié. A partir des simulations (se reporter à [26] pour les détails) qu'ils effectuent, Dionne et Florian concluent que l'algorithme ci-dessous améliore considérablement l'algorithme de Hoang.

Algorithme 2 Dionne et Florian

Considérer l'algorithme de Hoang et effectuer les modifications suivantes :

1. A l'étape 1, choisir un arbre couvrant de poids minimal.

2. Remplacer l'algorithme de Floyd utilisé pour le calcul des plus courts chemins par l'algorithme de Murchland adapté aux graphes non-orientés.

3. Pour la sélection de la variable de séparation, trier par ordre croissant les variables libres $x_1^*, ... x_e^*$ selon le rapport $f_k(G_{X_p})/w(e_i)$ et choisir la variable x_1^*.

Remarque 1.1. *Dans le cas du problème de l'arbre couvrant de distance moyenne minimale sur un graphe d'ordre n, l'algorithme ci-dessus se limitera à la première étape car après celle-ci, $n-1$ variables sont fixées et le budget est atteint. Algorithme 2 retournera toujours un arbre de poids minimal comme résultat, ce qui n'est pas nécessairement une solution exacte. Pour éliminer ce défaut de l'algorithme, on pourrait le démarrer avec une solution initiale dans laquelle toutes les variables sont libres (comme dans Algorithme 1).*

Remarque 1.2. *Tous les algorithmes présentés ci-dessus présentent une faiblesse que nous avons observé lors de leur implémentation. Cette faiblesse est liée à la valeur de $f_k(G_{X_p})/w(e_i)$ qui dans certains cas (par exemple des graphes dans lesquels tous les sommets sont semblables) est* *la même pour plusieurs arêtes. Par conséquent, pour la détermination de la variable de séparation, plusieurs tris équivalents des variables libres peuvent être produits et le choix de la variable de séparation peut engendrer des parcours différents dans l'algorithme d'énumération implicite. Cette caractéristique ajoutée au fait que la vérification de la symétrie des graphes générés au cours de l'algorithme n'est en général pas faite dans les algorithmes exacts font que les algorithmes exacts présentés çi-dessus se réduisent dans certains cas à des algorithmes d'énumération de toutes les solutions potentielles.*

1.3.2 Algorithmes exacts avec variables associées aux chemins

Les algorithmes précédents construisent des solutions exactes au problème d'optimisation d'un réseau de transport qui est une généralisation de ACDM. Dans la littérature, des algorithmes exacts pour la résolution du problème spécifique ACDM ont étés proposés, notamment par Fischetti, Lancia et Serafini [12]. Ces derniers proposent trois formulations de ACDM dans lesquelles les variables de décision sont associées aux chemins entre paires de sommets du graphe ; le nombre de variables est donc exponentiel. En plus, dans ces trois formulations, le nombre de contraintes est certes polynomial ($O(|E||V|^2)$) mais élevé.

Pour améliorer les performances des algorithmes Branch-and-Bound qu'ils proposent, Fischetti, Lancia et Serafini utilisent les techniques de génération de colonnes et de lignes pour la prise en compte des variables de décision et des contraintes respectivement. Ils introduisent en plus une nouvelle technique appelée *LP shorcutting* qui consiste à décider de manière préemptive sur la suite (élagage ou branchement) du parcours de l'arbre d'itérations de l'algorithme d'énumération implicite. Plus précisément, à chaque étape de l'algorithme Branch-and-Bound, habituellement on calcule une borne inférieure Lb que l'on compare à la meilleure solution courante U. Si $Lb < U$ alors on effectue un branchement à partir du nœud courant. Si par contre $Lb \geq U$ alors on arrête le traitement de la branche courante (élagage). La technique de *LP shorcutting* consiste à encadrer Lb qui est en général difficile à évaluer précisément lorsque l'on souhaite qu'il soit aussi proche que possible d'un minorant par deux valeurs L' et L'' telles que $L' \leq Lb \leq L''$. Si $L' \geq U$ alors la branche courante est élaguée et si $L'' < U$, l'algorithme génère les fils du nœud courant (branchement) afin de poursuivre la recherche de la solution optimale. L'avantage de cette technique est que le calcul de L' et de L'' est plus aisé que celui de Lb car L' est obtenu après une phase de génération de colonnes et L'' après une phase de génération de lignes. Les résultats obtenus par simulation permettent à Fischetti, Lancia et Serafini [12] de conclure que pour des graphes de moins de 30 sommets, les solutions obtenues sont très proches (jusqu'à 1% dans certains cas) des valeurs optimales.

Les algorithmes exacts ont de bonnes performances pour des problèmes de taille moyenne mais lorsque la taille devient considérable (ce qui est le cas dans la pratique), les algorithmes d'approximation sont meilleurs en terme de rapport entre le coût de calcul et la qualité de la solution.

1.4 Heuristiques et Algorithmes d'approximation

Un algorithme d'approximation produit en temps polynomial une solution dont la valeur est proche de l'optimum. Pour un tel algorithme, on peut donner une approximation en donnant des garanties sur ses performances. C'est-à-dire que l'algorithme, en plus de donner une solution à une instance en entrée, donne une majoration de la distance de cette solution à la solution optimale. Une heuristique par contre produit en temps polynomial une solution dont on estime que la valeur est proche de l'optimum sans pouvoir donner des garanties sur ses performances.

1.4.1 Heuristiques gloutonnes

En plus des solutions exactes pour le problème d'optimisation d'un réseau de transport, Dionne et Florian [22] ont proposé quelques heuristiques pour le calcul de solutions approchées au problème. La première heuristique décrite par Algorithme 3 s'est avérée avoir de mauvaises performances.

Algorithme 3 Dionne et Florian H1

Construire un arbre couvrant dont la somme des poids des arêtes est minimale et lui ajouter des arêtes en fonction de leur utilité ($f_k(G_{X_p})/w(e_i)$) jusqu'à ne plus pouvoir ajouter d'arêtes sans dépasser le budget L prévu.

Remarque 1.3. *Dans le cas du problème de l'arbre couvrant de distance moyenne minimale, la minimisation de l'indice de Wiener n'est pas pris en compte par l'algorithme 3. En effet ce dernier retournera toujours un arbre couvrant de poids minimal comme résultat. Dans le cas de graphes homogènes, il peut s'agir de n'importe quel arbre couvrant et par conséquent, dans le pire des cas une chaine.*

Wong [3] fait remarquer que si l'arbre construit initialement a un poids supérieur au budget disponible, alors l'algorithme ci-dessus ne produit pas de solution (même approchée) au problème. L'algorithme 4 ci-dessous décrit la solution proposée par Scott [27].

Algorithme 4 Scott

1: Sélectionner toutes les arêtes du graphe comme faisant partie de la solution. Soit G_p le graphe représentant cette solution.
2: Calculer $F_k(G_{X_p})$ pour toutes les arêtes. Soit j l'arête qui minimise $F_j(G_{X_p})$; si $F_j(G_{X_p}) = \infty$ alors utiliser Algorithme 3 pour construire la solution sinon, mettre $x_j = 0$ et continuer à l'étape suivante.
3: Si le poids du sous-graphe courant est supérieur au budget L alors aller à l'étape 2, sinon continuer à l'étape 4.
4: Prendre les arêtes j pour lesquelles $x_j = 0$ et calculer pour chacune d'elles l' indice de Wiener que l'on obtiendrait si l'arête était rajouté à la solution. Tant que c'est possible (poids du sous-graphe courant est inférieur à L), ajouter les arêtes j à la solution.

Etat de l'art

Remarque 1.4. *Dans le cas du problème de l'arbre couvrant de distance moyenne minimale, l'algorithme 4 consiste à considérer le graphe et à procéder par élimination successive d'arêtes en fonction de leur utilité jusqu'à l'obtention d'un arbre.*

Dionne et Florian ont proposé une seconde heuristique qui est une amélioration de l'heuristique de Scott [27]. Elle consiste à considérer à l'étape 2 de Algorithme 4 le rapport $F_k(G_{X_p})/w(e_i)$ plutôt que $F_k(G_{X_p})$. Avec cette modification ils obtiennent par expérimentation des meilleurs résultats que ceux de Scott [27].

La troisième heuristique proposée par Dionne et Florian [22] est originale par rapports aux deux premières. En effet elle utilise une expression modifiée de LB (étape 6 de Algorithme 1). Pour cette heuristique, f_k est remplacé par F_k. Il n'est pas démontré que ce remplacement garantisse une meilleure qualité des résultats. Au contraire, des contres-exemples montrant que l'on peut obtenir de très mauvais résultats sont exhibés. Dionne et Florian concluent de leurs expérimentations que ce choix permet d'obtenir dans un grand nombre de cas de bons résultats.

Algorithme 5 Dionne et Florian H2

Considérer l'algorithme de Hoang et effectuer les modifications suivantes :

1. A l'étape 1, choisir un arbre couvrant de poids minimal.
2. Remplacer l'algorithme de Floyd utilisé pour le calcul des plus courts chemins par l'algorithme de Murchland adapté aux graphes non-orientés.
3. Pour la sélection de la variable de séparation, trier par ordre croissant les variables libres $x_1^*, ... x_e^*$ selon le rapport $F_k(G_{X_p})/w(e_i)$ et choisir la variable x_1^*.
4. Prendre $LB = D(G_{X_p}) + \sum_{k \in K}(1 - x_k^*)F_k(G_{X_p})$ comme la borne inférieure de l'indice de Wiener pour les éléments de l'ensemble S_p.

Wong [3] montre que l'amélioration de l'algorithme de Scott proposée par Dionne et Florian, ainsi que Algorithme 5 ont de mauvaises performances dans le pire des cas. Il montre en effet que la solution T produite par l'un ou l'autre de ces algorithmes pour un graphe G est telle que $D(T) \geq O(n)D(G)$. À la question de savoir s'il existe un algorithme d'approximation qui produit des résultats meilleurs que ceux des heuristiques de Dionne et Florian pour le problème d'optimisation d'un réseau de transport, Wong répond en démontrant que le problème de chercher un tel algorithme est NP-Complet. Plus précisément, soit la définition :

Définition 1.2. *([3]) Le problème d'approximation de réseau optimal est le suivant : étant donné un réel $\epsilon \in]0,1]$, pour toute instance du problème général d'acheminement de ressources sous contrainte de coût avec $G = (V, E)$ comme graphe d'entrée, trouver une solution T telle que $D(T) \leq n^{1-\epsilon}D(G)$ où $n = |V|$.*

Wong [3] montre en utilisant une réduction au problème de l'arbre de Steiner que le problème d'approximation de réseau optimal est NP-Complet. Malgré ce résultat, il montre

Etat de l'art

que dans le cas où $r_{kl} = 1$ pour $1 \leq k, l \leq n$ et G satisfait l'inégalité triangulaire, toute heuristique qui produit comme solution un arbre T couvrant le graphe d'entrée G est tel que $D(T) \leq 2nD(G)$. Ce résultat relativise la qualité de l'amélioration de l'algorithme de Scott proposée par Dionne et Florian ainsi que celle de l'algorithme 5 car ceux-ci produisent des arbres T tel que $O(n)D(G) \leq D(T) \leq 2nD(G)$.

1.4.2 Algorithmes d'approximation

La majoration de la distance de la solution produite par un algorithme d'approximation par rapport à la solution optimale est en général exprimée sous la forme d'un rapport entre les qualités des deux solutions.

Définition 1.3. *(θ-approximation) Si l'arbre T retourné par un algorithme d'approximation de ACDM sur un graphe G est tel que $D(T) \leq \theta D(T^*)$ où T^* est l'arbre couvrant de G qui minimise l'indice de Wiener, alors T est appelé θ-approximation de T^*. Si un algorithme produit pour toute instance du problème des solutions qui sont des θ-approximations alors l'algorithme sera appelé algorithme de θ-approximation.*

Nous présentons dans cette section trois classes d'algorithmes d'approximation proposées dans la littérature pour la résolution de ACDM.

1.4.2.1 Algorithmes d'approximation par construction d'arbres à partir d'un sommet

Définition 1.4. *Un médian d'un graphe G est un sommet dont la somme des distances aux autres sommets du graphe est minimale ; c'est-à-dire un sommet $x \in V(G)$ tel que $d_G(x) = min\{d_G(y) : y \in V(G)\}$ où $d_G(x) = \sum_{y \in V(G)} d_G(x, y)$.*

En considérant la restriction du problème général d'acheminement de ressources sous contrainte de coût dans lequel le poids de chaque arête est 1, Wong [3] montre que l'algorithme 6 qui construit un arbre de plus courts chemins à partir d'un médian du graphe produit une solution T qui vérifie $D(T) \leq 2D(G)$.

Algorithme 6 Wong

1: Chercher un médian r du graphe d'entrée.
2: Construire un arbre de plus courts chemins dans G à partir de r.
3: Retourner cet arbre comme solution approchée.

Entringer a posé dans [1] la question suivante :

Question 1.1. *Existe-t-il pour tout graphe, un arbre d'indice de Wiener minimal qui soit un arbre de plus courts chemins à partir d'un sommet ?*

Etat de l'art

En réponse à cette question, Dankelmann a établi dans [28] la proposition suivante :

Proposition 1.1. *([28])Il existe des graphes pour lesquels un arbre d'indice de Wiener minimal n'est pas un arbre de plus courts chemins à partir d'un sommet.*

Le contre-exemple est obtenu en construisant un graphe $G(k,r)$ à partir de deux copies du graphe $H(k,r)$ en joignant leur sommet v_1 par une arête. Un graphe $H(k,r)$ est construit à partir d'un cycle $\{v_1,...,v_{2k-1}\}$ et $2r$ sommets $w_1,...,w_r,x_1,...,x_r$ en joignant les sommets w_i au sommet v_k et les sommets x_i au sommet v_{k+1} pour $i = 1,...,r$. La Figure 5(a) représente le graphe contre-exemple. En effet si l'on suppose qu'il existe un arbre de plus courts chemins à partir d'un sommet qui soit d'indice de Wiener minimal, on peut sans nuire à la généralité supposer que cet arbre est construit à partir d'un sommet v_r de la première copie de $H(k,r)$. Il contient donc l'arête $\{v_1,v_1'\}$ et est dans la seconde copie de $H(k,r)$, un arbre de plus courts chemins à partir de v_1'. Cet arbre de plus courts chemins sera obtenu en supprimant l'arête $\{v_k',v_{k+1}'\}$ (Fig. 5(b)). Dankelmann montre alors qu'en remplaçant l'arête $\{v_{k+1}',v_{k+2}'\}$ par l'arête $\{v_k',v_{k+1}'\}$ on obtient, pour $k \geq 3$ et $r \geq 6$, un arbre dont l'indice de Wiener est plus petit que celui de l'arbre initial. De ce résultat l'on

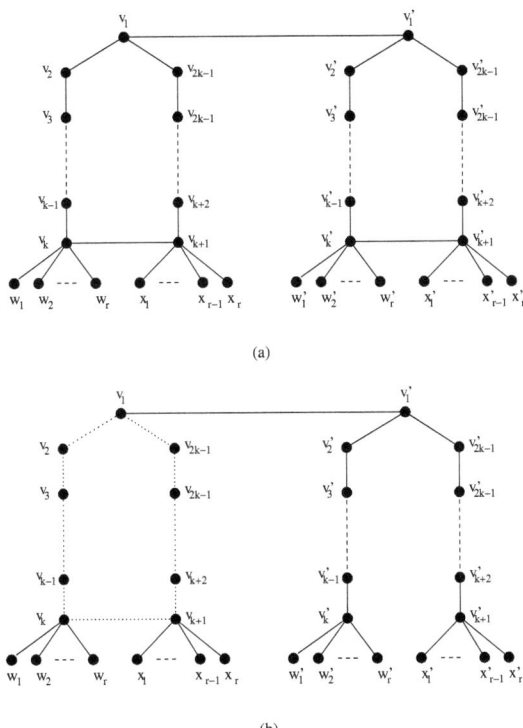

Figure 5 – Graphe $G(k,r)$: Contre-exemple pour la question 1 de Entringer [1]

déduit qu'il est impossible de manière générale de ne limiter l'espace de recherche de l'arbre couvrant de distance moyenne minimale d'un graphe qu'à l'ensemble des arbres de plus courts chemins à partir des sommets du graphe. La nouvelle formule de l'indice de Wiener que nous présentons dans le chapitre 2 offre de nouvelles possibilités de construction d'heuristiques pour la recherche des meilleurs arbres de plus courts chemins comme solutions approchées à ACDM.

Entringer [1] à également posé la question suivante :

Question 1.2. *Si un graphe a un arbre d'indice de Wiener minimal qui est un arbre de plus courts chemins à partir d'un sommet, cet arbre est-t-il un arbre de plus courts chemins à partir d'un médian ?*

Dankelmann a également donné dans [28] une réponse négative à cette seconde question. Il montre en effet que :

Proposition 1.2. *([28])Parmi les graphes qui admettent des arbres de plus courts chemins à partir d'un sommet comme arbres d'indice de Wiener minimal, il en existe pour lesquels l'arbre de plus courts chemins à partir du médian n'est pas d'indice de Wiener minimal.*

Le graphe que Dankelmann construit en ajoutant à une copie du graphe $H(k,r)$ $3r$ nouveaux sommets $z_1, ..., z_{3r}$ en les joignant chacun à v_1 par une arête est un contre-exemple. La Figure 6 représente le graphe ainsi construit. Dankelmann montre en effet que l'arbre de plus courts chemins à partir du médian v_1 a un indice de Wiener supérieur à celui de l'arbre de plus courts chemins à partir de v_2 lorsque $k \geq 4$. On peut donc conclure que

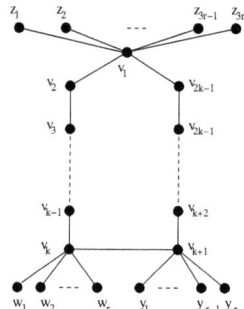

Figure 6 – Contre-exemple pour la question 2 de Entringer [1]

même dans le cas où l'on peut restreindre la recherche de l'arbre couvrant de distance moyenne minimale à l'ensemble des arbres de plus courts chemins à partir d'un sommet, il est nécessaire de parcourir l'ensemble de tous ces arbres.

Commentaire 1.1. *Pour répondre négativement à la seconde question d'Entringer [1], Dankelmann utilise dans [28] la technique d'optimisation locale par 1-move. L'opération de 1-move consiste, à partir d'un arbre représentant une solution potentielle T, à ajouter une arête e appartenant à l'ensemble $E(G) - E(T)$ puis à supprimer une autre arête dans l'unique cycle créé dans*

Etat de l'art

T par l'ajout de e. Partant de l'arbre de plus courts chemins construit à partir du médian, Dankelmann montre que l'on peut améliorer l'indice de Wiener en ajoutant une arête pour créer un cycle et supprimer ensuite ce cycle en éliminant une autre arête. Nous utiliserons cette technique au Chapitre 3 pour démontrer l'optimalité locale de certains arbres.

La démonstration de la Proposition 1.2 pourrait laisser croire que si l'on ne s'intéresse qu'aux arbres de plus courts chemins alors un optimum local est un optimum global. Nous démontrons que tel n'est pas le cas.

Proposition 1.3. *Parmi les arbres de plus courts chemins, un optimum local par l'opération de 1-move n'est pas forcément optimum global.*

La preuve de cette proposition est établie si l'on considère le contre exemple illustré par la Figure 7. Les deux arbres représentés sont des arbres de plus courts chemins couvrant le tore 3×4. Toute opération de 1-move sur l'arbre représenté par la Figure 7(b) produit un arbre dont l'indice de Wiener est au moins égale à 182 ; cet arbre est dont un optimum local mais n'est pas optimum global. Pour améliorer l'indice de Wiener par

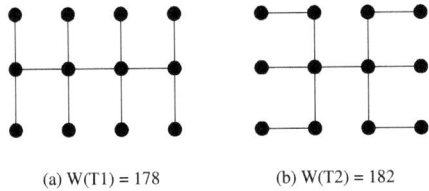

(a) W(T1) = 178   (b) W(T2) = 182

Figure 7 – Deux arbres optimum locaux pour le tore 3×4

1-move à partir de l'arbre de la Figure 7(b) il faut effectuer au moins deux 1-move : raccorder les sommets au coin supérieur droit et au coin inférieur droit à leur voisin de la seconde ligne. L'opération de 1-move non seulement ne garantit pas la convergence vers un optimum global mais en plus parcourir l'espace des solutions potentielles avec cette opération peut conduire à un optimum local qui n'est pas optimum global et qu'il est ensuite difficile d'améliorer. En effet, deux types de situations peuvent se produire :

1. L'optimum local se retrouve dans une large vallée de l'espace de recherche. Il s'agit du cas où l'on obtient un optimal local sur lequel toute opération de 1-move conduit à l'obtention d'un arbre de même indice de Wiener. C'est le cas avec l'arbre illustré par la Figure 7(b) lorsque l'on applique des opérations de 1-move qui conserve la structure d'arbre de plus courts chemins. Bien que dans ce cas précis (Fig. 7(b)) l'opération de 1-move génère le même abre, il existe des cas pour lesquels les arbres obtenus sont différents. Soit l'arbre homogène représenté par la Figure 8(a) dans laquelle les sous-arbres A et B ne sont pas isomorphes mais ont exactement le même nombre de sommets à tous les niveaux. On a par conséquent $|A| = |B|$. L'opération de 1-move qui consiste à remplacer dans cet arbre l'arête $\{y, z\}$ par l'arête $\{x, z\}$ génère un arbre d'indice de Wiener identique à celui de l'arbre de départ. Cet exemple peut être généralisé pour produire un optimum local dans une vallée aussi large qu'on le souhaite.

Etat de l'art

2. L'optimum local se trouve dans une vallée profonde de l'espace de recherche. On a dans ce cas un optimum local pour lequel toute opération de *1-move* conduit à l'obtention d'un arbre d'indice de Wiener plus élevé et tel qu'il est possible avec plusieurs opérations de *1-move* d'obtenir un arbre d'indice de Wiener inférieur à celui de l'arbre de départ. L'arbre représenté par la Figure 8(b) illustre cette situation. On considère que dans cet arbre, k' est assez grand par rapport à k pour que le sommet r soit le seul médian de l'arbre. Les lignes en pointillé représentent des arêtes du graphe qui n'appartiennent pas à l'arbre. Toute opération de *1-move* ne fait pas baisser l'indice de Wiener. Par contre, si tous les sommets y_i ($i = 1, ..., k$) sont rattachés au sommet v, on obtient un arbre d'indice plus petit que celui de l'arbre de départ.

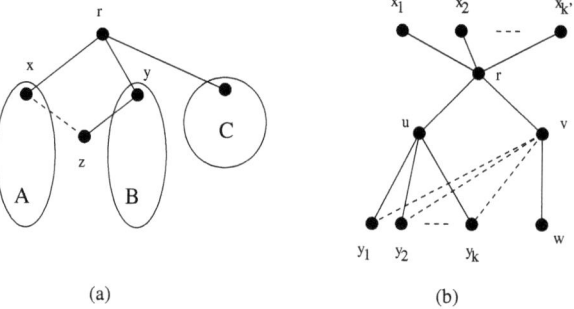

Figure 8 – Deux arbres optimum locaux

La Proposition 1.3 établi la difficulté du problème de la recherche par amélioration locale de la solution courante et les limites de l'amélioration par *1-move*.

1.4.2.2 Algorithmes d'approximation par construction d'arbres à partir de λ-séparateurs

D'après la définition 1.3, l'algorithme de Wong est un algorithme de 2-approximation, puisque $\forall G$ la solution T vérifie $D(T) \leq 2D(G) \leq 2D(T^*)$. Wu et al. [6, 13] ont proposé des algorithmes de θ-approximation avec $\theta \leq 2$ en généralisant l'algorithme de Wong [3]. Les définitions suivantes sont nécessaires pour la présentation de ces algorithmes. Soit G un graphe non-orienté connexe d'ordre n et soit T un arbre couvrant G. Soit R un sous graphe connexe de T.

Définition 1.5. (λ-*séparateur*) *Une branche de R est une composante connexe du graphe engendré par $V(T) - V(R)$. S'il existe un réel positif λ ($\lambda < 1$) tel que $|V(B)| \leq \lambda n$ pour toute branche B de R, alors R est appelé λ-séparateur. Un λ-séparateur de R est dit minimal s'il ne contient pas un sous-graphe qui soit aussi un λ-séparateur de T.*

En utilisant des λ-séparateurs, Wu, Chao et Tang [6] montrent que des approximations des arbres couvrants de distance moyenne minimale peuvent être obtenues de la manière suivante :

Etat de l'art

1. montrer que si R est un λ-séparateur minimal de l'arbre couvrant T de G, alors il existe un nombre réel $\beta(G, R)$ tel que $\beta(G, R) \leq D(T)$,
2. considérer un λ-séparateur minimal particulier R^* de l'arbre couvrant optimal T^* et construire à partir de R^* un arbre couvrant $\bar{T}$ tel que $D(\bar{T}) \leq \alpha(G, R^*)$,
3. chercher un entier θ tel que $\alpha(G, R) \leq \theta \beta(G, R)$ pour tout λ-séparateur R.

Puisque $D(\bar{T}) \leq \alpha(G, R^*) \leq \theta\beta(G, R^*) \leq \theta D(T^*)$, on déduit que $\bar{T}$ est une θ-approximation de l'arbre couvrant de distance moyenne minimale de G. Cette méthode a été utilisée dans [6] pour développer des algorithmes de complexité polynomiale de 2, 15/8 et 3/2-approximation avec des 1/2 et 1/3-séparateurs. Wu et al. [6] montrent également qu'un algorithme de $(4/3 + \epsilon)$-approximation et de complexité polynomiale peut être obtenu pour toute constante $\epsilon > 0$.

Wu et al. [6, 13] montrent donc que l'on peut faire mieux que la 2-approximation en travaillant sur des arbres de plus courts chemins non pas à partir d'un sommet mais à partir d'arbres partiels. Cependant, le contre-exemple proposé par Dankelmann (Fig. 5) en réponse à la Question 1.1 peut être généralisé pour montrer qu'il n'existe pas d'entier d tel qu'un arbre couvrant de distance moyenne minimale du graphe puisse être obtenu à partir d'un noyau de diamètre d. En effet, il suffirait de relier v_1 à v'_1 par une chaîne de $d - 1$ sommets. On a alors le résultat suivant :

Proposition 1.4. *Il existe des graphes pour lesquels un arbre d'indice de Wiener minimal n'est pas un arbre de plus courts chemins à partir d'un noyau de diamètre donné.*

Ce résultat renforce l'idée selon laquelle les arbres de plus courts chemins peuvent être éloignés des solutions optimales.

1.4.2.3 Algorithmes d'approximation par construction de k-étoiles

Dans [13], Wu, Lancia, Bafna, Chao, Ravi et Tang proposent le meilleur algorithme de complexité polynomiale connu pour le calcul des solutions approchées à ACDM. Plus précisément ils montrent comment construire une $(1 + \epsilon)$-approximation en temps $O(n^{2\lceil \frac{2}{\epsilon} \rceil - 2})$, en utilisant des k-étoiles.

Définition 1.6. *Soit R un arbre contenu dans G. Une étoile générale de G de noyau R est un arbre couvrant S de G tel que $\forall u \in V(G)$ $d_S(u, R) = d_G(u, R)$ où $d_G(u, R)$ (respectivement $d_S(u, R)$) est la distance d'un plus court chemin de u à un sommet de R dans G (respectivement dans S).*

En d'autres termes, une étoile générale de G de noyau R est un arbre couvrant de G obtenu en construisant des plus courts chemins de R à tout sommet $u \notin V(R)$.

Définition 1.7. *Une k-étoile est une étoile ayant k sommets internes.*

En particulier, une étoile est une 1-étoile.

La démonstration du résultat d'approximation de Wu et al. [13] est établie à travers les résultats suivants :

- un arbre couvrant de distance moyenne minimale $\hat{T}$ peut être transformé en une k-étoile T_k tel que $D(T_k) \leq (1 + \frac{2}{k+1})D(\hat{T})$;
- pour tout entier k, la k-étoile de distance moyenne minimale peut être construite en temps polynomial.

En prenant $1 + \frac{2}{k+1} = 1 + \epsilon$, c'est-à-dire, $k = \lceil \frac{2}{\epsilon} \rceil - 1$, on obtient en temps polynomial, une $(1 + \epsilon)$-approximation.

Les algorithmes d'approximation de Wu et al. [6, 13] sont tous basés sur la construction d'arbres de plus courts chemins à partir d'un noyau bien choisi qui est soit un λ-séparateur soit une k-étoile. Dans le chapitre 3, nous proposons une amélioration des performances de ces algorithmes en introduisant la maximisation de la somme des carrés des tailles des sous-arbres de l'arbre en construction, en plus de la prise en compte des plus courts chemins.

1.5 Conclusion

A partir de la formulation du problème d'acheminement de ressources sous contrainte de coût, nous avons décrit le problème de l'arbre couvrant de distance moyenne minimale qui consiste en la construction d'un arbre couvrant un graphe et qui minimise la somme des distances entre sommets. Nous avons par la suite présenté les résultats de complexité du problème ainsi que les algorithmes d'énumération implicites pour la recherche de solutions exactes qui ont été proposés dans la littérature. Ces algorithmes sont soient basés sur des variables associées aux arêtes du graphe soient utilisent des variables de décision associées aux chemins dans le graphe.

Nous avons également présenté des heuristiques et des algorithmes d'approximation pour la résolution de ACDM. Les algorithmes d'approximation présentés peuvent être regroupés en trois catégories :

1. Les algorithmes d'approximation par construction d'arbres de plus courts chemins à partir d'un sommet. Ils permettent d'obtenir une 2-approximation de l'ACDM.

2. Les algorithmes d'approximation par construction d'arbres à partir de λ-séparateurs pour lesquels on montre que l'on peut faire mieux que la 2-approximation en travaillant sur des arbres de plus courts chemins non pas à partir d'un sommet mais à partir d'arbres partiels. Un algorithme de $(4/3 + \epsilon)$-approximation pour toute constante $\epsilon > 0$ et de complexité polynomiale est notamment proposé dans cette catégorie.

3. Les algorithmes d'approximation par construction de k-étoiles avec lesquels on

Etat de l'art

obtient la meilleure approximation connue dans la littérature.

Nous présentons dans le chapitre 2 une nouvelle formule de l'indice de Wiener qui offre de nouvelles possibilités de construction d'heuristiques et d'algorithmes d'approximation pour la recherche des meilleurs arbres de plus courts chemins comme solutions approchées à ACDM.

Grâce aux résultats de Dankelmann [28] sur la qualité des arbres de plus courts chemins à partir d'un sommet, nous avons déduit qu'il est impossible de manière générale de ne limiter l'espace de recherche de l'ACDM d'un graphe qu'à l'ensemble des arbres de plus courts chemins à partir des sommets du graphe. Nous avons également conclut que même dans le cas où l'on peut restreindre la recherche de l'ACDM à l'ensemble des arbres de plus courts chemins à partir d'un sommet, il est nécessaire de parcourir l'ensemble de tous ces arbres.

Nous avons montré que si l'on ne s'intéresse qu'aux arbres de plus courts chemins alors un optimum local pour l'opération de *1-move* n'est pas toujours un optimum global. En plus, nous avons montré que dans certains cas l'optimum local que l'on obtient par application des opérations de *1-move* (et qui est différent d'un optimum global) peut s'avérer être par la suite très difficile à améliorer ; c'est-à-dire que plusieurs *1-move* doivent être appliquées simultanément à l'optimum local pour obtenir un arbre d'indice de Wiener plus petit. Tous ces résultats illustrent la difficulté de ACDM dans le cas général et les limites de l'amélioration par *1-move*.

CHAPITRE DEUX

PROPRIÉTÉS STRUCTURELLES DES ACDM

Nous présentons dans ce chapitre quelques propriétés structurelles de l'arbre couvrant de distance moyenne minimale d'un graphe. Ces propriétés structurelles sont mises en évidence par l'application d'opérations d'optimisation locale sur des arbres couvrant le graphe.

L'optimisation locale consiste de manière générale à effectuer quelques modifications sur la solution courante afin de l'améliorer. Deux éléments sont donc importants pour cette opération :

1. la nature de la modification ; elle doit correspondre à un déplacement simple dans l'espace des solutions potentielles,
2. la qualité de la modification ; elle doit garantir une amélioration de la solution courante.

Dans ce chapitre nous considérons la modification connue dans la littérature sous le nom de *1-move*. Elle consiste, partant d'un arbre T couvrant un graphe G, à l'améliorer en ajoutant une arête e appartenant à l'ensemble $E(G) - E(T)$ et en supprimant une autre arête dans l'unique cycle créé dans T par l'ajout de e. A partir de la nouvelle formule de l'indice de Wiener que nous proposons et qui met en évidence l'importance de la somme des carrés des tailles des sous-arbres de T, nous montrons en utilisant l'opération de *1-move* que le médian de l'ACDM T d'un graphe homogène G est relié dans T à tout ses voisins dans G. Nous montrons également que dans un ACDM les sous-arbres stables pour la relation de descendance sont des sous-arbres de plus courts chemins.

2.1 Variation de l'indice de Wiener après une opération de 1-move

Nous dérivons ici des formules qui expriment l'impact de l'opération de *1-move* sur un arbre. En particulier, nous nous intéressons au cas où le *1-move* correspond à un changement de père dans un arbre enraciné.

La somme des distances entre toutes les paires de sommets dans un arbre $T = (V, E)$ ou encore l'indice de Wiener de T est défini par l'expression :

$$D(T) = \sum_{\{i,j\} \subseteq V} d_T(i,j) \tag{2.1}$$

où $d_T(i, j)$ représente la distance de l'unique chemin reliant les sommets i et j dans T. Plusieurs formules ont été proposées dans la littérature pour l'évaluation de cet indice. La première formule fût proposée par Wiener [14] pour les arbres homogènes (le poids de toute arête est égal à 1). Cette formule a été généralisée par Hu [2] pour des arbres quelconques. Elle consiste à calculer la participation de chaque arête de l'arbre à l'indice de Wiener ; cette participation est égale au nombre de fois où l'arête est utilisée dans les plus courts chemins entre paires de sommets. Ainsi, si e est une arête de T de poids $w(e) \in \mathbb{R}^+$, la suppression de $e = \{x, y\}$ génère deux composantes connexes d'ordre respectifs $n_x(e)$ et $n_y(e)$. $n_x(e)$ (resp. $n_y(e)$) représente alors le nombre de sommets qui dans l'arbre T sont plus proche du sommet x (resp. y) que du sommet y (resp. x). Plus formellement $n_x(e) = |\{v \in V(T), d_T(v, x) < d_T(v, y)\}|$ et $n_y(e) = |\{v \in V(T), d_T(v, y) < d_T(v, x)\}|$. Le produit $n_x(e)n_y(e)w(e)$ correspond alors à la participation de e à l'indice de Wiener. On a par conséquent la formule suivante :

Théorème 2.1. *(Hu [2])Soit T un arbre de n sommets sur lequel est défini une fonction w de pondération positive des arêtes. L'indice de Wiener de T est donné par l'expression*

$$D(T) = \sum_{\{x,y\} \in E(T)} n_x(e) n_y(e) w(e) \tag{2.2}$$

où $e = \{x, y\}$.

Dobrynin et al. [10] ont proposé pour le calcul de l'indice de Wiener des arbres homogènes, d'autres formules que nous présentons ci-dessous.

Théorème 2.2. *(Dobrynin et al. [10])Soit T un arbre homogène de n sommets. L'indice de Wiener de T est donné par l'expression*

$$D(T) = \frac{1}{4} \left(n^2(n-1) - \sum_{\{x,y\} \in E(T)} (d_T(x) - d_T(y))^2 \right) \tag{2.3}$$

où pour tout $x \in V(T)$, $d_T(x) = \sum_{y \in V(T)} d_T(x, y)$.

Théorème 2.3. *(Dobrynin et al. [10])Soit T un arbre homogène de n sommets. L'indice de Wiener de T est donné par l'expression*

$$D(T) = \frac{1}{4} \left(n(n-1) + \sum_{x \in V(T)} deg_T(x) d_T(x) \right) \tag{2.4}$$

où $deg_T(x)$ est le degré de x dans T.

Propriétés Structurelles des ACDM

Le Théorème 2.3 fait intervenir pour chaque sommet le produit de son degré et la somme des distances entre ce sommet et tous les autres sommets de l'arbre. En conséquence, dans un contexte de minimisation de l'indice de Wiener, plus un sommet est de degré élevé et plus sa distance aux autres sommets de l'arbre doit être faible pour avoir un faible indice de Wiener. Cette remarque permet de mieux comprendre un résultat que nous démontrons plus loin et qui caractérise le voisinage du médian de l'arbre optimum dans le cas des graphes homogènes. En effet, nous montrons que pour ces graphes, tous les sommets qui dans le graphe cible sont voisins du médian de l'ACDM le sont également dans l'ACDM.

Nous allons donner des formules généralisant les Théorèmes 2.2 et 2.3 pour des graphes quelconques.

Lemme 2.1. *Soit $e = \{x, y\}$ une arête dans un arbre T quelconque ;*

$$d_T(x) - d_T(y) = w(e)(n_y(e) - n_x(e)) \tag{2.5}$$

Preuve :

Soit $e = \{x, y\}$ une arête de T et soit $\{V_x(T), V_y(T)\}$ une partition de $V(T)$ où $V_x(T)$ (resp. $V_y(T)$) représente l'ensemble des sommets de T qui sont plus proche de x (resp. y) que de y (resp. x). On a les relations :

$$d_T(x, u) = \begin{cases} d_T(y, u) - w(e) & \text{si } u \in V_x(T) \\ d_T(y, u) + w(e) & \text{si } u \in V_y(T) \end{cases}$$

D'où $d_T(x) = d_T(y) + |V_y(T)|w(e) - |V_x(T)|w(e) = d_T(y) + (n_y(e) - n_x(e))w(e)$. □

Si l'on pose $W(T) = \sum_{\{x,y\} \in E(T)} w(\{x, y\})$ la somme des poids de arêtes de l'arbre T, on en déduit les deux formules suivantes :

Proposition 2.1. *Soit T un arbre de n sommets sur lequel est défini une fonction w de pondération positive des arêtes. L'indice de Wiener de T est donné soit par l'expression*

$$D(T) = \frac{1}{4}\left(n^2 W(T) - \sum_{\{x,y\} \in E(T)} \frac{1}{w(\{x, y\})}(d_T(x) - d_T(y))^2\right) \tag{2.6}$$

soit par

$$D(T) = \frac{1}{4}\left(n.W(T) + \sum_{x \in V(T)} \deg_T(x) d_T(x)\right) \tag{2.7}$$

Preuve :

Dans la suite nous supposons que $e = \{x, y\}$. Nous allons d'abords montrer que l'équation (2.6) est équivalente à l'équation (2.2). En effet :

$$
\begin{aligned}
D(T) &= \tfrac{1}{4}\left(\sum_{e\in E(T)} n^2 w(e) - \sum_{e\in E(T)} \tfrac{1}{w(e)}(d_T(x) - d_T(y))^2\right) \\
&= \tfrac{1}{4}\left(\sum_{e\in E(T)} n^2 w(e) - \sum_{e\in E(T)} \tfrac{1}{w(e)}((n_y(e) - n_x(e))w(e))^2\right) \quad \text{(Lemme 2.1)} \\
&= \tfrac{1}{4}\left(\sum_{e\in E(T)} n^2 w(e) - \sum_{e\in E(T)} n_x(e)^2 w(e) - \sum_{e\in E(T)} n_y(e)^2 w(e)\right. \\
&\quad \left. + \sum_{e\in E(T)} 2 n_y(e) n_x(e) w(e)\right) \quad (\text{car } n_x(e) + n_y(e) = n) \\
&= \tfrac{1}{4}\left(\sum_{e\in E(T)} n^2 w(e) - \sum_{e\in E(T)} n_x(e)^2 w(e) - \sum_{e\in E(T)} (n - n_x(e))^2 w(e)\right. \\
&\quad \left. + \sum_{e\in E(T)} 2 n_y(e) n_x(e) w(e)\right) \\
&= \tfrac{1}{4}\left(\sum_{e\in E(T)} n^2 w(e) - \sum_{e\in E(T)} n_x(e)^2 w(e) - \sum_{e\in E(T)} n_x(e)^2 w(e) - \sum_{e\in E(T)} n^2 w(e)\right. \\
&\quad \left. + \sum_{e\in E(T)} 2 n . n_x(e) w(e) + \sum_{e\in E(T)} 2 n_y(e) n_x(e) w(e)\right) \\
&= \tfrac{1}{4}\left(\sum_{e\in E(T)} 2 n_x(e)(n - n_x(e)) w(e) + \sum_{e\in E(T)} 2 n_y(e) n_x(e) w(e)\right)
\end{aligned}
$$

On obtient donc $D(T) = \sum_{e\in E(T)} n_e(x) n_e(y) w(e)$.

Afin d'établir la deuxième partie de la Proposition 2.1, notons par $N_x(T)$ l'ensemble des voisins du sommet x dans l'arbre T. Notons également par $E_x(T)$ l'ensemble des arêtes incidentes à x dans T. Nous allons montrer que l'équation (2.7) est équivalente à l'équation (2.6). A partir de la démonstration de la première partie de la proposition, on a :

$$
\begin{aligned}
D(T) &= \tfrac{1}{4}\left(\sum_{e\in E(T)} n^2 w(e) - \sum_{e\in E(T)} \tfrac{1}{w(e)}(d_T(x) - d_T(y))^2\right) \\
&= \tfrac{1}{4}\left(\sum_{e\in E(T)} n^2 w(e) - \tfrac{1}{2}\sum_{x\in V(T)}\sum_{y\in N_x(T)} \tfrac{1}{w(e)}(d_T(x)^2 + d_T(y)^2 - 2 d_T(x) d_T(y))\right)
\end{aligned}
$$

Propriétés Structurelles des ACDM

Sachant que

$$\sum_{x\in V(T)}\sum_{y\in N_x(T)}\frac{1}{w(e)}d_T(x)^2 = \sum_{x\in V(T)}\sum_{e\in E_x(T)}\frac{1}{w(e)}d_T(x)^2 \tag{2.8}$$

et

$$\sum_{x\in V(T)}\sum_{y\in N_x(T)}\frac{1}{w(e)}d_T(y)^2 = \sum_{x\in V(T)}\sum_{e\in E_x(T)}\frac{1}{w(e)}d_T(x)^2 \tag{2.9}$$

on obtient :

$$D(T) = \tfrac{1}{4}\left(\sum_{e\in E(T)} n^2 w(e) - \sum_{x\in V(T)}\sum_{e\in E_x(T)}\tfrac{1}{w(e)}d_T(x)^2 + \sum_{x\in V(T)}\sum_{y\in N_x(T)}\tfrac{1}{w(e)}d_T(x)d_T(y)\right)$$

$$= \tfrac{1}{4}\left(\sum_{e\in E(T)} n^2 w(e) - \sum_{x\in V(T)} d_T(x)\left(\sum_{e\in E_x(T)}\tfrac{1}{w(e)}d_T(x) - \sum_{y\in N_x(T)}\tfrac{1}{w(e)}d_T(y)\right)\right)$$

Notons par S l'expression $\sum_{y\in N_x(T)}\tfrac{1}{w(e)}d_T(y)$. En utilisant le Lemme 2.1, nous pouvons réécrire S ainsi qu'il suit :

$$S = \sum_{y\in N_x(T)}\tfrac{1}{w(e)}(d_T(x) - w(e)(n_y(e) - n_x(e)))$$

$$= \sum_{e\in E_x(T)}\tfrac{1}{w(e)}d_T(x) - \sum_{y\in N_x(T)}(n_y(e) - n_x(e))$$

$$= \sum_{e\in E_x(T)}\tfrac{1}{w(e)}d_T(x) - \sum_{y\in N_x(T)}(2n_y(e) - n)$$

$$= \sum_{e\in E_x(T)}\tfrac{1}{w(e)}d_T(x) + n.deg_T(x) - \sum_{y\in N_x(T)} 2n_y(e)$$

$$= \sum_{e\in E_x(T)}\tfrac{1}{w(e)}d_T(x) + n.deg_T(x) - 2(n-1)$$

On obtient alors

$$D(T) = \tfrac{1}{4}\left(\sum_{e\in E(T)} n^2 w(e) - \sum_{x\in V(T)} d_T(x)\left(\sum_{e\in E_x(T)}\tfrac{1}{w(e)}d_T(x) - \sum_{y\in N_x(T)}\tfrac{1}{w(e)}d_T(y)\right)\right)$$

$$= \tfrac{1}{4}\left(\sum_{e\in E(T)} n^2 w(e) - \sum_{x\in V(T)} d_T(x)\left(\sum_{e\in E_x(T)}\tfrac{1}{w(e)}d_T(x) - n.deg_T(x) + 2(n-1)\right.\right.$$
$$\left.\left. - \sum_{e\in E_x(T)}\tfrac{1}{w(e)}d_T(x)\right)\right)$$

$$D(T) = \frac{1}{4}\left(\sum_{e\in E(T)} n^2 w(e) + \sum_{x\in V(T)} n.deg_T(x)d_T(x) - \sum_{x\in V(T)} 2(n-1)d_T(x)\right)$$

$$= \frac{1}{4}\left(\sum_{e\in E(T)} n^2 w(e) + \sum_{x\in V(T)} n.deg_T(x)d_T(x) - 4(n-1)D(T)\right)$$

Ce qui implique $D(T) = \frac{1}{4}\left(\sum_{e\in E(T)} n.w(e) + \sum_{x\in V(T)} deg_T(x)d_T(x)\right)$ □

Nous allons à présent donner une troisième formule de calcul de l'indice de Wiener qui met en évidence la relation entre la racine d'un arbre, les tailles des branches de cet arbre par rapport à la racine et l'indice de Wiener. Afin de présenter la formule, il est nécessaire de donner quelques définitions et notations.

Définition 2.1. *Soit T un arbre d'ordre n et de racine r. Pour tout sommet $x \in V(T)$ nous notons :*
- *$T_r(x)$ le sous-arbre de T constitué par x, et ses descendants dans T ;*
- *$]r,x]$ l'ensemble des sommets sur le chemin dans l'arbre T de r à x, r exclu ;*
- *$pere(x)$ le père de x dans l'arbre T.*

Définition 2.2. *Soit T un arbre de racine r. La charge d'un sommet $x \in V(T)$ est par définition $|T_r(x)|$.*

Lemme 2.2.

$$d_T(x) = d_T(r) + n.d_T(r,x) - 2\sum_{y\in]r,x]} |T_r(y)|\, w(\{y, pere(y)\}) \tag{2.10}$$

Preuve :

Nous procédons par induction sur $l = |\,]r,x]\,|$. Pour $l = 1$, soit x un sommet adjacent à r dans T. En se déplaçant de r vers x, la distance par rapport à tout sommet du sous-arbre $T_r(x)$ est réduite de $w(r,x)$ et la distance par rapport à tout sommet n'appartenant pas au sous-arbre $T_r(x)$ est augmentée de $w(r,x)$. Par conséquent, $d_T(x) = d_T(r) - |T_r(x)|\,w(r,x) + (n - |T_r(x)|)w(r,x) = d_T(r) + (n - 2|T_r(x)|)\,w(r,x)$. Soit un sommet x tel que $|\,]r,x]\,| = l$ et soit $r = x_0, x_1, ..., x_l = x$ le chemin dans T de r à x. A partir de l'expression obtenue ci-dessus, on trouve $d_T(x_l) = d_T(x_{l-1}) + (n - 2|T_r(x_l)|)\,w(x_{l-1}, x_l)$. En utilisant l'hypothèse d'induction $d_T(x_{l-1}) = d_T(r) + n.d_T(r, x_{l-1}) - 2\sum_{i=1}^{l-1}|T_r(x_i)|\,w(\{x_i, pere(x_i)\})$, on obtient la relation $d_T(x) = d_T(r) + n.d_T(r, x_{l-1}) - 2\sum_{i=1}^{l-1}|T_r(x_i)|\,w(\{x_i, pere(x_i)\}) + (n - 2|T_r(x_l)|)\,w(x_{l-1}, x_l) = d_T(r) + n.d_T(r, x) - 2\sum_{y\in]r,x]}|T_r(y)|\,w(\{y, pere(y)\})$. □

Nous pouvons à présent donner la nouvelle formule de l'indice de Wiener.

Propriétés Structurelles des ACDM

Théorème 2.4. *([29]) Soit T un arbre d'ordre n et de racine r dont les arêtes sont pondérés positivement par une fonction w.*

$$D(T) = n.d_T(r) - \sum_{x \in V(T)-\{r\}} |T_r(x)|^2 \, w(\{x, pere(x)\}) \tag{2.11}$$

Preuve :

Par définition $D(T) = \frac{1}{2} \sum_{x \in V(T)} d_T(x)$. En application le Lemme 2.2, on trouve

$$\begin{aligned}
2D(T) &= n.d_T(r) + \sum_{x \in V(T)-\{r\}} \left(n.d_T(r,x) - 2 \sum_{y \in]r,x]} |T_r(y)| \, w(\{y, pere(y)\}) \right) \\
&= n.d_T(r) + \sum_{x \in V(T)-\{r\}} n.d_T(r,x) - \sum_{x \in V(T)-\{r\}} \sum_{y \in]r,x]} 2|T_r(y)| \, w(\{y, pere(y)\}) \\
&= 2n.d_T(r) - 2 \sum_{x \in V(T)-\{r\}} \sum_{y \in]r,x]} |T_r(y)| \, w(\{y, pere(y)\})
\end{aligned}$$

Considérons un sommet particulier $y \in V(T) - \{r\}$. Le terme $|T_r(y)| \, w(\{y, pere(y)\})$ apparaît dans l'expression $\sum_{x \in V(T)-\{r\}} \sum_{y \in]r,x]} |T_r(y)| \, w(\{y, pere(y)\})$ autant de fois que y appartient à un chemin $]r,x]$. Il est aisé de monter que ce nombre de fois est l'ordre du sous-arbre de T enraciné en y, c'est-à-dire $|T_r(y)|$. Par conséquent

$$\sum_{x \in V(T)-\{r\}} \sum_{y \in]r,x]} |T_r(y)| \, w(\{y, pere(y)\}) = \sum_{y \in V(T)-\{r\}} |T_r(y)|^2 \, w(\{y, pere(y)\})$$

D'où $D(T) = n.d_T(r) - \sum_{x \in V(T)-\{r\}} |T_r(x)|^2 \, w(\{x, pere(x)\})$. □

Exemple 2.1. *Considérons l' arbre T illustré par la Figure 9. Dans le premier cas (Fig. 9(a)) on a :*

- $d_T(r) = 1 + 2 + 4 + 5 + 9 + 10 + 11 + 10 + 11 + 20 = 83$

- $\sum_{x \in V(T)-\{r\}} |T_r(x)|^2 \, w(\{x, pere(x)\}) = 5^2.1 + 5^2.2 + 1^2.3 + 3^2.4 + 1^2.7 + 2^2.8 + 1^2.9 + 1^2.5 + 1^2.6 + 1^2.10 = 183$

d'où $D(T) = 11 * 83 - 183 = 730$.

Dans le second cas (Fig. 9(b)) on a plutôt :
- $d_T(r) = 2 + 7 + 8 + 9 + 3 + 18 + 6 + 7 + 12 + 13 = 85$

- $\sum_{x \in V(T)-\{r\}} |T_r(x)|^2 \, w(\{x, pere(x)\}) = 6^2.2 + 1^2.7 + 2^2.8 + 1^2.9 + 5^2.1 + 1^2.10 + 1^2.3 + 3^2.4 + 1^2.5 + 1^2.6 = 205$

et donc $D(T) = 11 * 85 - 205 = 730$.

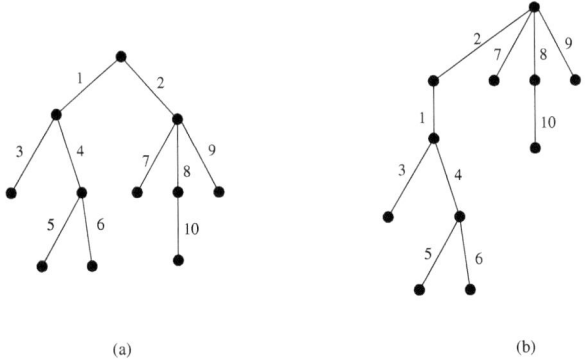

(a)　　　　　　　　　　　　　　(b)

Figure 9 – Un arbre T enraciné par deux sommets différents

L'équation (2.11) nous a inspiré la nouvelle heuristique de construction de l'arbre couvrant de distance moyenne que nous présenterons au chapitre 3. En effet, on voit que minimiser $D(T)$ dans le cas des graphes homogènes revient à maximiser la somme des carrés des tailles des sous-arbres de T. Si l'on se place par exemple à la racine alors une heuristique pourrait consister à maximiser la somme $\sum_x |T_r(x)|^2$ où les x sont les fils de la racine. Sachant que $\sum_x |T_r(x)| = n - 1$, on constate alors que cette somme sera maximale lorsque les charges seront aussi déséquilibrées que possible.

L'utilisation de l'équation (2.11) dans la résolution de ACDM nécessite une évaluation du coût de calcul de cette formule pour être intégré dans le coût total de l'algorithme. Nous allons montrer que l'indice de Wiener peut être évalué avec cette formule en $O(n^2)$.

Proposition 2.2. *L'évaluation de l'indice de Wiener d'un arbre donnée T en utilisant la formule de l'équation (2.11) a une complexité en temps de $O(n^2)$.*

Preuve :

Soit PARCOURS(G, r) l'algorithme de parcours en largeur qui calcule et retourne le vecteur D des longueurs des plus courts chemins dans G par rapport à r et le vecteur P qui indique pour chaque sommet son voisin sur un plus court chemin par rapport à r. Considérons l'algorithme EvaluationCharge (Algorithme 7) décrit ci-dessous. Cet algorithme utilise D et P pour calculer les valeurs $|T_r(x)|$ pour tous les sommets de $V(T)$. La complexité de l'algorithme PARCOURS étant $O(n^2)$ et celle de la boucle tantque de l'algorithme EvaluationCharge $O(n^2)$, l'on déduit que l'évaluation de tous les éléments nécessaires au calcul de $D(T)$ a une complexité en $O(n^2)$. L'évaluation de l'indice en elle même a une complexité en $O(n)$; d'où le résultat. □

Algorithme 7 EvaluationCharge $(T = (V(T), E(T)), r)$

1: (D,P) ← PARCOURS(T,r)
2: Initialiser à 0 les charges de tous les sommets de T ;
3: Fixer tous les sommets comme non encore marqués ;
4: **tantque** il existe des sommets non encore marqués **faire**
5:     Sélectionner un sommet x non encore marqué et dont la distance par rapport à r est maximale et marquer x ;
6:     Utiliser P pour parcourir le chemin reliant x à r. Pour tout sommet rencontré sur ce chemin, incrémenter la valeur de sa charge de un.
7: **fin tantque**

2.1.1 Opération de *1-move* et indice de Wiener

Définition 2.3. *Pour le problème de l'arbre couvrant de distance moyenne minimale sur un graphe G, l'opération de 1-move consiste, à partir d'un arbre représentant une solution potentielle T, à ajouter une arête e appartenant à l'ensemble $E(G) - E(T)$ puis à supprimer une autre arête dans l'unique cycle créé dans T par l'ajout de e.*

Soit $a = \{x, y\}$ une arête d'un arbre T. On note $B_{T,a}(x)$ l'ensemble des sommets qui dans le graphe $(V(T), E(T) - \{x, y\})$ sont dans la même composante connexe que x. En utilisant la formule de l'indice de Wiener donnée par l'équation (2.6). On obtient le résultat suivant lorsqu'un *1-move* est effectué dans l'arbre T.

Proposition 2.3. *Soit T' l'arbre obtenu à partir de T par ajout de l'arête e' et par suppression d'une arête e de l'unique cycle C crée par l'ajout de e'.*

$$D(T') - D(T) = \tfrac{1}{4}(w(e') - w(e))\left(n^2 - (|SAB| - |SAH|)^2\right)$$
$$+ \sum_{\{x,y\} \in C \cap SAB} w(\{x,y\}) |SAH| \left(|B_{T',a}(x)| - |B_{T,a}(y)|\right) \quad (2.12)$$
$$+ \sum_{\{x,y\} \in C \cap SAH} w(\{x,y\}) |SAB| \left(|B_{T',a}(x)| - |B_{T,a}(y)|\right)$$

où SAB et SAH sont les deux sous-arbres obtenus après la suppression de e dans T. On considère que $d(x, e) < d(y, e)$ (Fig. 10).

Preuve :

Pour simplifier les équations, nous noterons par $w(x, y)$ le poids de l'arête $\{x, y\}$. De l'équation (2.6) on déduit :

$$D(T') - D(T) = \tfrac{1}{4}\left(n^2 \left(\sum_{a \in E(T')} w(a) - \sum_{a \in E(T)} w(a)\right) + \sum_{\{x,y\} \in E(T)} \tfrac{1}{w(x,y)}(d_T(x) - d_T(y))^2 \right.$$
$$\left. - \sum_{\{x,y\} \in E(T')} \tfrac{1}{w(x,y)}(d_{T'}(x) - d_{T'}(y))^2 \right)$$

Pour $\{x,y\} \notin C$, $d_T(x) - d_T(y) = d_{T'}(x) - d_{T'}(y)$; on a alors

$$D(T') - D(T) = \tfrac{1}{4}\left(n^2(w(e') - w(e)) + \sum_{\{x,y\}\in C-\{e'\}} \tfrac{1}{w(x,y)}(d_T(x) - d_T(y))^2 \right.$$
$$\left. - \sum_{\{x,y\}\in C-\{e\}} \tfrac{1}{w(x,y)}(d_{T'}(x) - d_{T'}(y))^2 \right)$$

Le Lemme 2.1 nous permet d'écrire $d_T(x) - d_T(y) = w(x,y)(|B_{T,a}(x)| - |B_{T,a}(y)|)$ et $d_{T'}(x) - d_{T'}(y) = w(x,y)(|B_{T',a}(x)| - |B_{T',a}(y)|)$; par conséquent :

$$D(T') - D(T) = \tfrac{1}{4}\left(n^2(w(e') - w(e)) + \sum_{\{x,y\}\in C-\{e'\}} w(x,y)(|B_{T,a}(x)| - |B_{T,a}(y)|)^2 \right.$$
$$\left. - \sum_{\{x,y\}\in C-\{e\}} w(x,y)(|B_{T',a}(x)| - |B_{T',a}(y)|)^2 \right)$$
$$= \tfrac{1}{4} \sum_{\{x,y\}\in C-\{e,e'\}} w(x,y)\left((|B_{T,a}(x)| - |B_{T,a}(y)|)^2 - (|B_{T',a}(x)| - |B_{T',a}(y)|)^2\right)$$

$\tfrac{1}{4}(w(e') - w(e))\left(n^2 - (|SAB| - |SAH|)^2\right)$

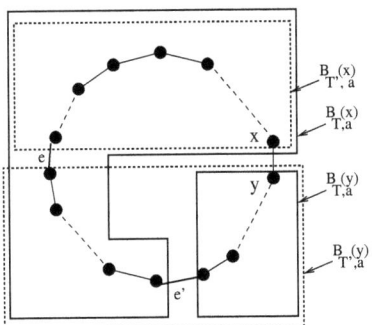

Figure 10 – Décomposition du cycle C dans l'arbre T

Pour une arête $\{x,y\}$ de C, l'on considère que le sommet x est plus proche de e que le sommet y ; et donc y est plus proche de e' que x. Si $\{x,y\} \in C \cap SAB$ alors $(|B_{T,a}(x)| - |B_{T,a}(y)|) - (|B_{T',a}(x)| - |B_{T',a}(y)|) = (|B_{T,a}(x)| - |B_{T',a}(x)|) + (|B_{T',a}(y)| - |B_{T,a}(y)|) = 2|SAH|$ et $(|B_{T,a}(x)| - |B_{T,a}(y)|) + (|B_{T',a}(x)| - |B_{T',a}(y)|) = (|B_{T,a}(x)| + |B_{T',a}(x)|) - (|B_{T,a}(y)| + |B_{T',a}(y)|) = (|SAH| + 2|B_{T',a}(x)|) - (|SAH| + 2|B_{T,a}(y)|) = 2(|B_{T',a}(x)| - |B_{T,a}(y)|)$.

De manière identique, si $\{x,y\} \in C \cap SAH$ alors $(|B_{T,a}(x)| - |B_{T,a}(y)|) - (|B_{T',a}(x)| - |B_{T',a}(y)|) = 2|SAB|$ et $(|B_{T,a}(x)| - |B_{T,a}(y)|) + (|B_{T',a}(x)| - |B_{T',a}(y)|) = 2(|B_{T',a}(x)| - |B_{T,a}(y)|)$.

Propriétés Structurelles des ACDM

On en déduit :

$$D(T') - D(T) = \tfrac{1}{4}(w(e') - w(e))\left(n^2 - (|SAB| - |SAH|)^2\right)$$
$$+ \sum_{\{x,y\} \in C \cap SAB} w(x,y)\,|SAH|\,(|B_{T',a}(x)| - |B_{T,a}(y)|)$$
$$+ \sum_{\{x,y\} \in C \cap SAH} w(x,y)\,|SAB|\,(|B_{T',a}(x)| - |B_{T,a}(y)|)$$

□

L'évaluation de $D(T') - D(T)$ peut se faire en $O(|V(G)|) = O(n)$. En effet si T a pour racine r, et si pour chaque sommet x la charge $|T_r(x)|$ est connue, alors pour $e = \{u, v\}$ avec $u = pere(v)$, on a les relations suivantes :

1. $|SAB| = |T_r(v)|$ et $|SAH| = n - |T_r(v)|$,
2. $|B_{T,a}(y)| = |T_r(y)|$ et si $\{x, y\} \in SAB$ alors $|B_{T',a}(x)| = |SAB| - |T_r(y)|$; si $\{x, y\} \in SAH$ alors $|B_{T',a}(x)| = |SAH| - |T_r(y)|$,

Par conséquent en un parcours du cycle, on peut évaluer la partie droite de l'équation (2.12).

Si la formule précédente est utilisée pour le calcul de la variation de l'indice de Wiener suite à un *1-move*, un gain considérable peut être obtenu au cours des différentes étapes d'exploration. En effet, une fois que les valeurs $|T_r(x)|$ pour $x \in V(T)$ sont calculées initialement (en $O(n^2)$), leur ré-évaluation requiert un temps de l'ordre de $O(n)$ car après un *1-move* qui améliore l'indice de Wiener, les valeurs $|T_r(x)|$ pour $x \in C$ sont mis-à-jour et on peut poursuivre la recherche d'une prochaine amélioration. Pour chaque cycle pouvant être créer dans l'arbre T, il est donc possible en $O(n^2)$ d'effectuer un *1-move* qui fait baisser l'indice de Wiener ou de décider qu'il n'en existe pas pour le cycle cible.

2.1.2 Changement de père par 1-move

Lorsque le *1-move* correspond au changement du père d'un sommet u dans l'arbre T, de la Proposition 2.3, on déduit l'équation bilan suivante :

Corollaire 2.1. *Soit T' l'arbre obtenu de T par ajout de l'arête $e' = \{u, v'\}$ et par suppression de l'arête $e = \{u, v\}$ de l'unique cycle C crée par l'ajout de e'. On a :*

$$D(T') - D(T) = |H|\,(w(e') - w(e))\,(n - |H|) + |H| \sum_{\{x,y\} \in C \cap SA} w(\{x,y\})(|B_{T',a}(x)| - |B_{T,a}(y)|)$$

(2.13)

où H et SA sont les deux sous-arbres obtenus après la suppression de e dans T avec u qui appartient à H.

Preuve :

Il suffit de prendre $H = SAB$, $SA = SAH$ et sachant que $|SA| = n - |H|$ et $H \cap C = \emptyset$, le résultat est obtenu à partir de l'équation (2.12). □

Considérons un arbre T de racine r. Soit H le sous-arbre de T de racine u. Considérons le changement de père du sommet u qui consiste à remplacer l'arête $\{u, v\} \in E(T)$ par l'arête $\{u, v'\} \in E(G)$. Soit c le premier ancêtre commun de v et v' ; supposons que $c, v_1, v_2, ..., v_{k-1}, v_k = v$ soit le chemin dans T de c à v et $c, v'_1, v'_2, ..., v'_{k'-1}, v'_{k'} = v'$ soit le chemin dans T de c à v'. Les sommets du sous-arbre S de T de racine c peuvent être partitionnés comme suit (Fig. 11), $V(S) = R \cup A_1 \cup ... \cup A_k \cup H \cup A'_1 \cup ... \cup A'_{k'}$, où

- pour tout i, $1 \leq i \leq k$, $A_i \cup A_{i+1} \cup ... \cup A_k \cup H$ est le sous-arbre de T de racine v_i,
- pour tout j, $1 \leq j \leq k'$, $A'_j \cup A'_{j+1} \cup ... \cup A'_{k'}$ est le sous-arbre de T de racine v'_j,
- R est obtenu de S en supprimant les branches de r qui contiennent v et v'.

Nous allons présenter une version plus détaillée de l'équation bilan du Corollaire 2.1.

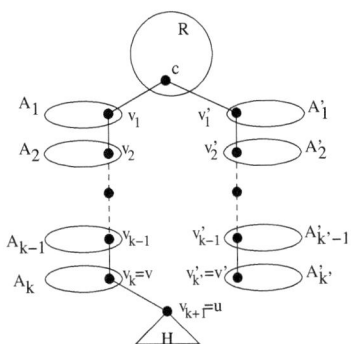

Figure 11 – Partition des sommets de S

Proposition 2.4. *Soit T' l'arbre obtenu à partir de l'arbre T en remplaçant l'arête $e = \{u, v\}$ par $e' = \{u, v'\}$*

$$D(T') - D(T) = |H| \left(\sum_{i=1}^{k} (d + 2d_T(c, v_i)) |A_i| + d|R| + \sum_{j=1}^{k'} (d - 2d_T(c, v'_j)) |A'_j| \right) \quad (2.14)$$
$$+ |H|(n - |H|)(w(e') - w(e))$$

où $d = d_{T'}(c, v') - d_T(c, v)$.

Preuve :

$d_{T'}(x, y)$ est différent de $d_T(x, y)$ si et seulement si au moins un des sommets x, y appartient à H. Sachant que, $\forall i \in \{1, ..., k\}$ $d_T(u, v_i) = d_T(c, v) - d_T(c, v_i) + w(e)$ et

Propriétés Structurelles des ACDM

$d_{T'}(u,v_i) = d_{T'}(c,v') + d_T(c,v_i) + w(e')$. On déduit $d_{T'}(u,v_i) - d_T(u,v_i) = d_{T'}(c,v') - d_T(c,v) + 2d_T(c,v_i) + w(e') - w(e)$. Pour $x \in V(H)$ et $y \in A_i$, $d_T(x,y) = d_T(x,u) + d_T(u,v_i) + d_T(v_i,y)$ et $d_{T'}(x,y) = d_{T'}(x,u) + d_{T'}(u,v_i) + d_T(v_i,y)$. Par conséquent $d_{T'}(x,y) - d_T(x,y) = d_{T'}(u,v_i) - d_T(u,v_i) = d_{T'}(c,v') - d_T(c,v) + 2d_T(c,v_i) + w(e') - w(e)$. De la même manière, on montre que $d_{T'}(x,y) - d_T(x,y) = d_{T'}(c,v') - d_T(c,v) - 2d_T(c,v'_i) + w(e') - w(e)$ pour $x \in V(H)$, $y \in A'_j$, $j = 1,...,k'$ et $d_{T'}(x,y) - d_T(x,y) = d_{T'}(c,v') - d_T(c,v) + w(e') - w(e)$ pour $x \in V(H)$ et $y \in R$. On obtient le bilan

$$\begin{aligned}
D(H') - D(H) &= \sum_{i=1}^{k} \sum_{x \in H, y \in A_i} (d_{T'}(c,v') - d_T(c,v) + 2d_T(c,v_i) + w(e') - w(e)) \\
&+ \sum_{x \in H, y \in R} (d_{T'}(c,v') - d_T(c,v) + w(e') - w(e)) \\
&+ \sum_{j=1}^{k'} \sum_{x \in H, y \in A'_j} (d_{T'}(c,v') - d_T(c,v) - 2d_T(c,v'_j) + w(e') - w(e)) \\
&= |H| \left(\sum_{i=1}^{k}(d + 2d_T(c,v_i))|A_i| + d|R| + \sum_{j=1}^{k'}(d - 2d_T(c,v'_j))|A'_j| \right) \\
&+ |H|(n - |H|)(w(e') - w(e))
\end{aligned}$$

$\square$

Dans le cas où G est un graphe homogène, on obtient :

Corollaire 2.2. *Soit T' l'arbre obtenu à partir de l'arbre T en remplaçant l'arête $\{u,v\}$ par $\{u,v'\}$*

$$D(T') - D(T) = |H| \left(\sum_{i=1}^{k}(k' - k + 2i)|A_i| + (k' - k)|R| + \sum_{j=1}^{k'}(k' - k - 2j)|A'_j| \right) \quad (2.15)$$

Si en plus $k = k'$ on obtient

Corollaire 2.3. *Soit G un graphe homogène et soit T un arbre couvrant de racine r. Soit T' l'arbre obtenu à partir de l'arbre T en remplaçant une arête $\{u,v\}$ par une arête $\{u,v'\}$ telle que $d_T(r,v) = d_T(r,v')$.*

$$D(T') - D(T) = 2|H| \left(\sum_{i=1}^{k}(|T_r(v_i)| - |H|) - \sum_{j=1}^{k'}|T_r(v'_j)| \right) \quad (2.16)$$

Preuve :

De l'équation (2.15), on obtient $D(T') - D(T) = 2|H| \left(\sum_{i=1}^{k} i|A_i| - \sum_{j=1}^{k'} j|A'_j| \right)$ en posant $k' = k$. Sachant que pour tout $j = 1,...,k'$, $|T_r(v'_j)| = \sum_{l=j}^{k'}|A'_l|$ et pour tout $i = 1,...,k$, $|T_r(v_i)| = \sum_{l=i}^{k}|A_l| + |H|$, on déduit le résultat. $\square$

2.1.3 Voisinage du sommet médian de l'arbre optimum d'un graphe homogène

Définition 2.4. *Un centroid d'un arbre T d'ordre n est un sommet dont les branches sont d'ordre au plus $n/2$. Dans un graphe homogène, centroid et médian sont équivalents.*

Nous allons utiliser le Corrollaire 2.2 pour caractériser le voisinage du médian de l'arbre couvrant de distance moyenne minimale des graphes homogènes.

Théorème 2.5. *([29]) Si T^* est l'arbre couvrant de distance moyenne minimale du graphe homogène G avec pour médian c alors $deg_G(c) = deg_{T^*}(c)$.*

Preuve :

Supposons que $deg_G(c) > deg_{T^*}(c)$. Il existe dans ce cas un sommet u voisin de c dans G tel que l'arête $\{c,u\} \notin T^*$ (Fig. 12). c étant un centroid, sa branche contenant u et noté $A_1 \cup A_2 \cup ... \cup A_k \cup H$ sur la Figure 12(a), est tel que $1 \leq |A_1|+|A_2|+...+|A_k|+|H| \leq |R|$. Soit T' l'arbre obtenu de T^* par remplacement de l'arête $\{u,v\}$ par $\{u,c\}$ (Fig. 12(b)). Du Corollaire 2.2,

$$D(T') - D(T^*) = |H|\left(\sum_{i=1}^{k}(2i-k)|A_i| - k|R|\right)$$
$$< |H|\left(\sum_{i=1}^{k}k|A_i| - k|R|\right)$$

Étant donné que $\sum_{i=1}^{k}|A_i| \leq |R|$, on en déduit $D(T') - D(T^*) < 0$. Ceci contredit l'hypothèse selon laquelle T^* est un arbre couvrant de distance moyenne minimale de G. □

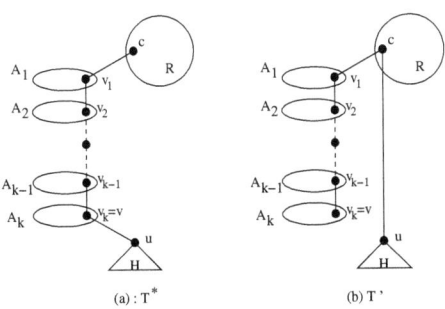

Figure 12 – Les graphes T^* et T'

2.2 Sous-arbres de plus courts chemins dans l'arbre optimum

Dans cette section, nous montrons que dans un arbre optimum T de racine r, la descendance $T_r(x) = (V', E')$ de tout sommet x excentré (proche des feuilles) est un arbre de plus courts chemins pour le sous-graphe de G engendré par V'. Cette propriété structurelle établit un lien entre l'ACDM et les arbres de plus courts chemins.

Définition 2.5. *Soient T un arbre et $x, y \in V(T)$. Une branche d'un sommet x dans un arbre T est une composante connexe de $T \backslash x$. On appelle racine d'une branche de x le sommet de cette branche adjacent à x dans T. Le sous-arbre de y par rapport à x noté $T_x(y)$ est égal à $T[\{y\} \cup \bigcup_{B \in \mathbb{B}} B]$ où $\mathbb{B}$ est l'ensemble des branches de y qui ne contiennent pas x.*

Définition 2.6. *Soient G un graphe, T un arbre couvrant de G et $u, r \in V(G)$. Le sommet u est rapprochable du sommet r dans T s'il existe un sommet v' (v' peut être égal à r) adjacent à u dans G tel que $d_T(r, u) > w(u, v') + d_T(r, v')$. Si v ($v \neq v'$) est le sommet adjacent à u dans l'unique chemin de r à u dans T (v peut être égal à r) alors $T' = (V(G), E(T) \backslash \{u, v\} \cup \{u, v'\})$ est considéré comme l'arbre T dans lequel on a rapproché le sommet u de r.*

Etant donné un arbre T couvrant un graphe G et r un sommet quelconque, on considère que la fonction de pondération w associe à toute arête un entier. On cherche alors à déterminer des conditions suffisantes pour qu'un sommet u rapprochable de r puisse être rapproché en faisant décroître l'indice de Wiener de l'arbre couvrant. Nous commençons par donner une borne simple à la taille des branches qui sont des sous-arbres de plus courts chemins dans l'arbre optimum.

2.2.1 Une borne simple pour la taille des branches de plus courts chemins

Considérons un graphe homogène G d'ordre n. Nous établissons dans cette section la Proposition 2.5 ci-dessous qui est une version simple du résultat principal que nous démontrons dans ce paragraphe. Cette proposition donne une idée sur l'approche que nous utilisons.

Proposition 2.5. *Dans un arbre optimum d'un graphe homogène G, toute branche $B' = (V', E')$ de taille inférieure à $\sqrt[3]{n}$ et de racine $\overline{r}$, est un sous-arbre de plus courts chemins à partir de $\overline{r}$ dans le sous-graphe de G engendré par V'.*

Preuve :

Soit $\overline{T} = (\overline{V}, \overline{E})$ un arbre optimum de G et soit $B' = (V', E')$ une branche de $\overline{T}$ de racine $\overline{r}$ et de taille inférieure à $\sqrt[3]{n}$. Supposons que B' ne soit pas un sous-arbre de plus courts chemins à partir de $\overline{r}$ dans le sous-graphe de G engendré par V'. Il est évident que $n \geq 4$. Soit T^* l'arbre couvrant de G obtenu de $\overline{T}$ en remplaçant B' par un arbre B^* couvrant le sous-graphe de G engendré par V' et qui est un sous-arbre de plus courts chemins à partir de $\overline{r}$.

$$D(\overline{T}) = D_{\overline{T}}(V',V') + D_{\overline{T}}(\overline{V}-V',\overline{V}-V') + 2\sum_{x\in V'}\sum_{y\notin V'}(d_{\overline{T}}(x,\overline{r})+d_{\overline{T}}(\overline{r},y)) \quad (2.17)$$

et

$$D(T^*) = D_{T^*}(V',V') + D_{\overline{T}}(\overline{V}-V',\overline{V}-V') + 2\sum_{x\in V'}\sum_{y\notin V'}(d_{T^*}(x,\overline{r})+d_{\overline{T}}(\overline{r},y)) \quad (2.18)$$

D'où,

$$D(T^*) - D(\overline{T}) = (D_{T^*}(V',V') - D_{\overline{T}}(V',V')) + 2(n-|V'|)\left(\sum_{x\in V'}d_{T^*}(x,\overline{r}) - \sum_{x\in V'}d_{\overline{T}}(x,\overline{r})\right) \quad (2.19)$$

D'autre part, $D_{T^*}(V',V') \leq |V'|^3$ et $\sum_{x\in V'}d_{T^*}(x,\overline{r}) - \sum_{x\in V'}d_{\overline{T}}(x,\overline{r}) \leq -1$. Par conséquent, $D(T^*) - D(\overline{T}) \leq |V'|^3 - 2(n-|V'|)$, avec $|V'| \leq \sqrt[3]{n}$.

Considérons la fonction $f : x \in [0,n] \longmapsto f(x) = x^3 - 2(n-x)$. Sa dérivée est $f'(x) = 3x^2 + 2 > 0$, par conséquent f est strictement croissante. Étant donné que $f(\sqrt[3]{n}) = -n + 2\sqrt[3]{n} < 0$ pour $n \geq 4$, on trouve $f(x) < 0$ pour $x < \sqrt[3]{n}$. Par conséquent, $D(T^*) - D(\overline{T}) < 0$ pour $|V'| < \sqrt[3]{n}$ et ceci termine la démonstration. □

Dans les sections qui suivent grâce à une analyse plus fine, la borne $\sqrt[3]{n}$ de la Proposition 2.5 est améliorée pour des graphes à pondération entière.

2.2.2 Variation de l'indice de Wiener après un changement de père

Considérons le changement de père du sommet u qui consiste à remplacer dans T l'arête $e = \{u,v\}$ par l'arête $e' = \{u,v'\} \notin E(T)$. Soit T' l'arbre obtenu après le changement de père. Dans la suite, nous notons par B la branche du sommet r qui contient le sommet v moins le sous-arbre $T_r(u)$, et par B' la branche de r qui contient v' (voir Fig. 13). Il est important de noté que si $v' = r$, alors $B' = \emptyset$. Nous utiliserons les notations suivantes : $d = d_T(r,u)$, $d' = d_{T'}(r,u)$ et a représentera l'ordre du sous-arbre $T_r(u)$.

2.2.2.1 Changement de père avec changement de branche

Nous supposons dans cette section que $B \neq B'$. Si v et v' appartiennent à des branches différentes de r, alors on a

$$\begin{aligned}D(T') - D(T) &= (D_{T'}(T_r(u),B) - D_T(T_r(u),B)) \\ &+ (D_{T'}(T_r(u),B') - D_T(T_r(u),B')) \\ &+ a(n-|B|-|B'|-a)(d'-d)\end{aligned} \quad (2.20)$$

Propriétés Structurelles des ACDM

Lemme 2.3. *Soit $\Delta_B = D_{T'}(T_r(u), B) - D_T(T_r(u), B)$ la variation de la somme des distances entre les sommets de $T_r(u)$ et ceux de B après un changement de père. $\Delta_B \leq a|B|(d' + d - 2)$.*

Preuve :

Considérons le chemin $Ch = (r, v_1, \ldots, v_k = v, u = v_{k+1})$ de r à u dans T. Soient $d_1, \ldots, d_k$ les distances de r à $v_1, \ldots, v_k$ dans T. Il est aisé de vérifier que si $x \in T_r(u)$ et $y \in T_r(v_i) \backslash T_r(v_{i+1})$, alors la variation de la distance de x à y est exactement $d' + d_i - (d - d_i) = d' + 2d_i - d \leq d' + 2d_k - d$. Étant donné que $B = \bigcup_{i=1}^{k} T_r(v_i) \backslash T_r(v_{i+1})$ on trouve $\Delta_B \leq a|B|(d' + 2d_k - d)$. Sachant que $d_k \leq d - 1$, on déduit $\Delta_B \leq a|B|(d' + d - 2)$. □

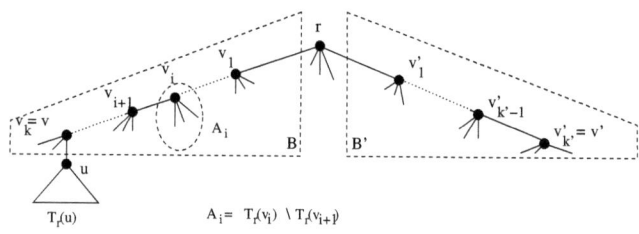

Figure 13 – Structure de T dans le cas d'un changement de père avec changement de branche

Lemme 2.4. *Soit $\Delta_{B'} = D_{T'}(T_r(u), B') - D_T(T_r(u), B')$ la variation de la somme des distances entre les sommets de $T_r(u)$ et ceux de B'. $\Delta_{B'} \leq a|B'|(d' - d - 2)$.*

Preuve :

Supposons que B' est non vide. Considérons le chemin $Ch' = (r, v'_1, \ldots, v'_{k'}, u)$ de r à u dans T'. Soient $d'_1, \ldots, d'_{k'}$ les distances de r à $v'_1, \ldots, v'_{k'}$ dans T'. On vérifie facilement que si $x \in T_r(u)$ et $y \in T_r(v'_i) \backslash T_r(v'_{i+1})$ pour $i = 1, \ldots, k' - 1$ ou $y \in T_r(v'_{k'})$ alors la variation de distance de x à y est $d' - d'_i - (d + d'_i) = d' - 2d'_i - d \leq d' - 2d'_1 - d$. Par conséquent $\Delta_{B'} \leq a|B'|(d' - 2d'_1 - d)$. Étant donné que $d'_1 \geq 1$, on déduit $\Delta_B \leq a|B|(d' - d - 2)$. Si B' est vide, le changement de père connecte le sommet u à la racine r et ceci réduit la somme des distances entre $T_r(u)$ et B' ; l'inégalité est donc toujours valide car $|B'| = 0$. □

Nous allons utiliser les Lemmes 2.3 et 2.4 pour caractériser les changements de père avec changement de branche qui font baisser l'indice de Wiener.

Proposition 2.6. *Soit $\Delta = D(T') - D(T)$ la variation de l'indice de Wiener après un changement de père avec changement de branche tel que $d' < d$. Si $|B| + a \leq \sqrt{\frac{n}{2w^+}}$ alors $\Delta < 0$.*

Preuve :

A partir de Eq. (2.20), on pose $\Delta = \Delta_B + \Delta_{B'} + a(n - (|B| + a) - |B'|)(d' - d)$. Des Lemmes 2.3 et 2.4 on déduit

Propriétés Structurelles des ACDM 44

$$\begin{aligned}
\Delta &\leq a|B|(d'+d-2) + a|B'|(d'-d-2) + a(n-a-|B|-|B'|)(d'-d) \\
&\leq a|B|(d'+d-2) + a|B'|((d'-d-2)-(d'-d)) + a(n-a-|B|)(d'-d) \\
&\leq a|B|(d'+d-2) - 2a|B'| + a(n-a-|B|)(d'-d) \\
&\leq a|B|(d'+d-2) + a(n-a-|B|)(d'-d)
\end{aligned}$$

Soit $g(a,d,d',|B|) = a|B|(d'+d-2) + a(n-a-|B|)(d'-d)$. $\partial g(a,d,d',|B|)/\partial d' = a|B| + a(n-a-|B|) = a(n-a) > 0$. Étant donné que $d' \leq d-1$, on déduit

$$\begin{aligned}
\Delta &\leq g(a,d,d',|B|) \\
&\leq g(a,d,d-1,|B|) \\
&\leq a|B|(2d-3) - a(n-a-|B|) \\
&\leq a(|B|(2d-3) - n + |B| + a)
\end{aligned}$$

On a alors deux cas :

1. Si $|B|+a \leq 2d-3$, alors $\Delta \leq a[|B|(2d-3) - n + (2d-3)] = a[(|B|+1)(2d-3) - n]$. Étant donné que $d \leq w^+(|B|+1)$, on déduit $\Delta \leq a((|B|+1)(2w^+(|B|+1)-3) - n) = a(2w^+(|B|+1)^2 - 3(|B|+1) - n)$. Étant donné que $2w^+x^2 - 3x - n < 0$ pour $0 \leq x \leq \sqrt{\frac{n}{2w^+}}$, on en déduit $\Delta < 0$ pour $|B|+1 \leq \sqrt{\frac{n}{2w^+}}$.

2. Si $|B|+a > 2d-3$, alors $\Delta < a[|B|(|B|+a) - n + |B| + a] = a[(|B|+a)^2 - n + (1-a)(|B|+a)]$. De l'inégalité $1 \leq a$, on déduit $\Delta < a\left[(|B|+a)^2 - n\right]$. Si $|B|+a \leq \sqrt{n}$, on obtient $\Delta < 0$.

Par conséquent, si $|B|+a \leq \sqrt{\frac{n}{2w^+}}$ alors $\Delta < 0$. □

2.2.2.2 Changement de père dans la même branche

Soit B_{ch} la branche de r dans laquelle le changement est effectué. Nous montrons dans cette section que la Proposition 2.6 s'applique également lorsque le changement de père à lieu dans la même branche. Considérons le chemin $Ch = (r, v_1, \ldots, v_k = v, u = v_{k+1})$ de r à u dans T. En fonction de la position de v' dans B_{ch}, deux cas sont possibles :

cas 1 : v' est sur le chemin de r à u (voir Fig. 14(a)) ;

cas 2 : v' n'appartient pas au chemin de r à u (voir Fig. 14(b)).

Dans les deux cas, on peut appliquer la Proposition 2.6 en faisant jouer à v_p le rôle joué par r dans le cas du changement de père avec changement de branche.

Nous pouvons à présent donner le résultat principal de ce paragraphe.

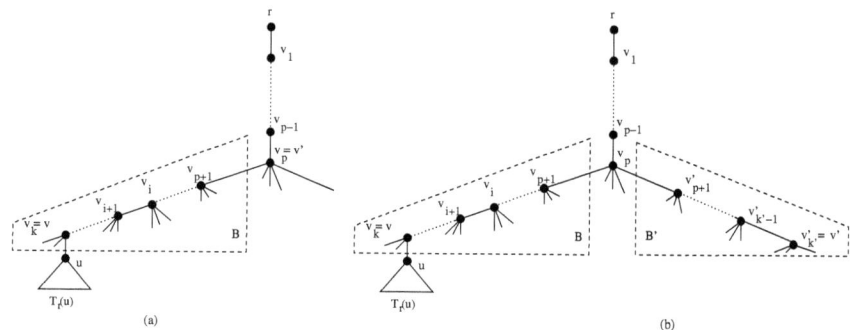

Figure 14 – Changement de père dans la même branche

2.3 Une nouvelle borne

Théorème 2.6. *Soit $\overline{T} = (\overline{V}, \overline{E})$ un arbre couvrant de distance moyenne minimale du graphe non-orienté $G = (V, E, w)$ pondéré par des entiers. Soit $T' = (V', E')$ un sous-arbre de $\overline{T}$ constitué par l'union des branches d'un sommet $\overline{r}$ tel que chacune des branches soit de taille inférieure ou égale à $\sqrt{\frac{n}{2w^+}}$. T' est un sous-arbre de plus courts chemins à partir de $\overline{r}$ dans le sous-graphe de G engendré par V'.*

Preuve :

Nous procédons par contradiction. Soit G' le sous-graphe de G engendré par V' et soit u un sommet de T' tel que $d_{T'}(\overline{r}, u) > d_{G'}(\overline{r}, u)$, et soit $v_0 = \overline{r}, v_1, ..., v_k = u$ un plus court chemin de G'. Soit i l'index minimale tel que $\{v_i, v_{i+1}\} \notin E'$. Notons par b la longueur du chemin $v_0, ..., v_i$ dans $\overline{T}$, par l la longueur du chemin $v_0, ..., v', v_{i+1}$ dans $\overline{T}$ et par c la longueur de l'arête $\{v_i, v_{i+1}\}$ (voir Fig. 15). Par définition du plus court

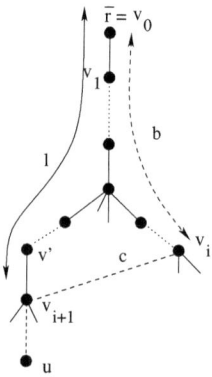

Figure 15 – Le plus court chemin initial est représenté par un trait interrompu.

chemin, $b+c \leq l$. En plus, si $b+c < l$, le changement de père appliqué au sommet v_{i+1} en remplaçant dans $\overline{T}$ l'arête $\{v_{i+1}, v'\}$ par l'arête $\{v_{i+1}, v_i\}$ produit d'après la Proposition 2.6 à un arbre couvrant T^* tel que $D(T^*) < D(\overline{T})$, et ceci est une contradiction de l'optimalité de $\overline{T}$. Par conséquent $b + c = l$. C'est-à-dire qu'il existe un nouveau plus court chemin $v'_0 = \overline{r}, v'_1, ..., v'_j = v_{i+1}, v_{i+2}, ..., v_k = u$ de G' dans lequel le sous-chemin $v'_0 = \overline{r}, v'_1, ..., v'_j = v_{i+1}$ est un chemin de $\overline{T}$. Dans ce nouveau chemin, la première arête qui n'appartient par à $\overline{E}$ est de la forme $\{v_j, v_{j+1}\}$ avec $j > i$. On peut appliquer à $\{v_j, v_{j+1}\}$ la même analyse que celle effectuée pour $\{v_i, v_{i+1}\}$. L'application successive de cette séquence d'analyses va continuellement pousser vers la droite la position de la première arête qui n'appartient pas à $\overline{E}$. Après au plus k étapes, on obtient un plus court chemin de $\overline{r}$ à u dans lequel toutes les arêtes appartiennent à $\overline{E}$. Ceci contredit l'hypothèse $d_{T'}(\overline{r}, u) > d_{G'}(\overline{r}, u)$. □

2.4 Conclusion

Nous avons proposé dans ce chapitre une nouvelle formule pour l'évaluation de l'indice de Wiener et nous en avons dérivé une formule pour l'évaluation de la variation de l'indice de Wiener suite à un *1-move*. Cette dernière formule à un coût linéaire ce qui rends possible son utilisation dans le cas pratique puisque dans l'analyse du coût d'une heuristique basée sur le *1-move*, ce coût doit être inclus dans le coût global de l'algorithme.

En étudiant plus particulièrement le cas où le *1-move* est un changement de père, nous avons montré que dans le cas des graphes homogènes le médian de l'arbre couvrant de distance moyenne minimale T est lié dans ce dernier à tous ses voisins dans G.

Nous avons également montré que dans l'arbre couvrant de distance moyenne minimale, l'union de branches de taille inférieure à $\sqrt{\frac{n}{2w^+}}$ est un sous-arbre de plus courts chemins à partir de leur racine commune. Ceci ré-équilibre un peu le résultat négatif établi au Chapitre 1 et qui montrait qu'un arbre de plus courts chemins peut être arbitrairement éloigné de l'optimum lorsque l'on utilise l'opération de *1-move*.

CHAPITRE TROIS

ACDM SUR L'HYPERCUBE ET LE TORE

Nous avons présenté au Chapitre 1 des résultats qui montrent la difficulté de ACDM dans le cas général. Cependant on peut remarquer qu'il existe des graphes pour lesquels une solution peut être calculée en temps polynomiale. C'est le cas trivial des arbres. Il en est de même pour les graphes dans lesquels le nombre de cycles est borné par un entier. En effet grâce aux résultats présentés au Chapitre 2, il est possible d'utiliser l'opération de *1-move* pour rechercher par optimisation locale dans les cycles des optimums locaux. Nous avons montré que cette recherche a un coût polynomial. Le nombre de cycles étant borné pour ce type de graphe, on obtient en temps polynomial l'ensemble des optimums locaux et on peut donc déduire l'optimum global.

Les classes de graphes pour lesquels une solution à ACDM peut être construite en temps polynomial ne couvrent cependant pas un certain nombre de graphes que l'on rencontre en pratique et pour lesquels l'arbre couvrant de distance moyenne minimal est recherché pour améliorer des performances des communications par exemple. Dans les machines parallèles par exemple les processeurs sont connectés suivant des architectures régulières tels que la chaîne, l'anneau, la grille, le tore, l'hypercube, ... et pour certaines applications qui nécessitent des échanges de messages entre paires de processeurs, l'ACDM peut être utilisé pour réduire les coûts de communication.

Nous présentons dans ce chapitre les résultats de l'étude du problème de l'arbre couvrant de distance moyenne minimale sur deux graphes homogènes : l'hypercube et le tore. Nous montrons que même dans ces cas simples, le problème reste difficile bien que plusieurs éléments permettent de penser que les arbres couvrant de distance moyenne minimale de ses graphes sont des arbres particuliers : l'arbre binomial pour l'hypercube et le peigne pour le tore.

Dans la première section du chapitre, nous apportons de nouveaux éléments qui vont dans le sens de la démonstration de la conjecture qui stipule que l'arbre binomial est l'arbre couvrant de distance moyenne minimale de l'hypercube. Nous montrons en effet que cet arbre est un optimum local pour l'opération de *1-move* et qu'en plus dans l'ACDM T de l'hypercube H_n, il existe deux sommets voisins qui sont reliés dans T à tous leurs voisins dans H_n.

Dans la seconde section, nous proposons un arbre (que nous appelons *peigne*) cou-

ACDM sur l'hypercube et le tore

vrant le tore et nous démontrons qu'il s'agit d'un optimum local pour l'opération de *1-move*. Ce résultat combiné aux résultats exacts pour des tores de petites dimensions nous permettent de conjecturer que le peigne est l'ACDM du tore.

Enfin, nous présentons dans la section 3.3 une nouvelle heuristique de construction de solutions à ACDM pour les graphes homogènes et qui s'applique très bien à l'hypercube et au tore. Cette heuristique améliore les solutions de la littérature est obtenue grâce à la maximisation de la somme des carrés des tailles des sous-arbres de l'arbre en construction.

3.1 ACDM sur l'hypercube

Un hypercube de dimension n (ou n-cube) est un graphe H_n avec $V(H_n) = \{0,1\}^n$ et dans lequel deux sommets $u = u_1 u_2 ... u_n$ et $v = v_1 v_2 ... v_n$ sont adjacents si leurs écritures binaires diffèrent sur un seul bit. Dans la suite de ce chapitre, les positions des bits de H_n sont numérotées $1, 2, ..., n$ de la gauche vers la droite, et $|u|$ représente le nombre de bits à 1 de l'écriture binaire du sommet u. Deux sommets $u = u_1 u_2 ... u_n$ et $v = v_1 v_2 ... v_n$ dont les écritures binaires diffèrent sur le bit i sont connectés par une arête suivant la dimension i, et nous écrivons dans ce cas $u = v + e_i$ où $e_i = (0, ..., 0, 1, 0, ..., 0)$ a un bit 1 en position i.

L'hypercube est l'une des topologie d'interconnexion les plus importantes et efficaces pour les machines parallèles [30]. Il possède de très bonnes propriétés notamment la symétrie, un petit diamètre, un petit degré, de bonnes propriétés pour le plongement d'autres topologies, ... La littérature sur les propriétés du n-cube et les applications est très abondante [31, 30].

Le 0-cube est un sommet isolé ; un n-cube, $n > 0$, peut être construit de manière récurrente comme suit : prendre deux copies $H_{n-1} \times \{0\}$ et $H_{n-1} \times \{1\}$ de H_{n-1} et connecter toutes les paires de sommets $u_1...u_{n-1}0$ et $u_1...u_{n-1}1$ par un lien suivant la dimension n (Fig. 16).

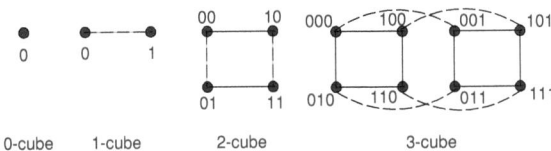

Figure 16 – Construction récursive de n-cubes

Un arbre binomial de dimension n, noté B_n est un arbre couvrant particulier de H_n. Il peut être construit d'au moins trois manières :

1. B_0 est un sommet isolé. B_n peut être construit de manière récursive à partir de

ACDM sur l'hypercube et le tore

deux copies de l'arbre binomial de dimension $n-1$ en ajoutant une arête reliant les racines des deux copies et en prenant l'une de ces racines comme racine de B_n (Fig.17(a)).

2. Un arbre binomial de dimension n peut également être construit à partir de $B_{n-1}, B_{n-2}, ..., B_0$ par ajout d'un nouveau sommet r (racine de B_n) et en connectant r à chacune des racines des arbres binomiaux de dimension inférieure à r (Fig.17(b)).

3. La troisième approche récursive de construction de B_n, $n > 0$, consiste à prendre B_{n-1} et à ajouter à chacun de ses sommets u un sommet pendant u' connecté à u (Fig.17(c)).

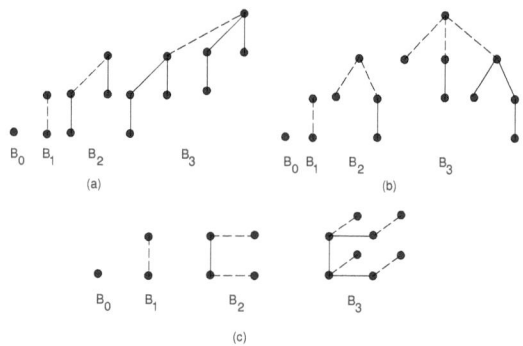

Figure 17 – Contructions récursives de B_n

L'arbre binomial est très utilisé dans les applications parallèles sur diverses topologies et particulièrement les hypercubes. Lo et al. [32] l'ont en effet identifié comme la structure de calcul idéale pour les algorithmes de type diviser-pour-régner. En effet comme l'illustre la première méthode de construction, un arbre binomial de dimension n est la réunion à travers une arête de deux arbres binomiaux de dimension $n-1$. En plus La troisième méthode de construction de l'arbre binomial décrite çi-dessus met en évidence les bonnes propriétés de cet arbre pour la diffusion. Chaque étape de la construction peut en effet être considérée comme un envoie de messages suivant une direction donnée. Ceci justifie le fait que l'arbre binomial soit largement utilisé pour la diffusion sur les architectures parallèles [33].

Nous commençons par donner quelques propriétés de base des arbres binomiaux.

Proposition 3.1. *([29]) Les sommets de l'arbre binomial B_n, $n \geq 1$, peuvent être indexés de la manière suivante :*

  a) *la racine est codée par $00...0$; si un sommet est indexé par $u = u_1...u_{k-1}10...0$, alors il se trouve à la profondeur $|u|$, est la racine d'un sous-arbre B_{n-k}, et ses fils sont codés par $u + e_i$ pour $i = k+1, ..., n$;*

  b) *avec ce codage, l'unique chemin de la racine $r = 0...0$ à $u = e_{i_1} + e_{i_2} + ... + e_{i_k}$, $i_1 < i_2 < ... < i_k$, est $r = 0...0, v_1 = e_{i_1}, v_2 = e_{i_1} + e_{i_2}, ..., u = v_k = e_{i_1} + e_{i_2} + ... + e_{i_k}$.*

ACDM sur l'hypercube et le tore

Preuve :

Nous allons procéder par récurrence sur n. Le cas $n = 1$ est évident car B_1 est l'arbre dont la racine est codée par 0 et cette racine est connectée à une seule feuille indexé par 1. Supposons que la proposition est vraie jusqu'au rang $n - 1$. Si l'on considère l'arbre binomial de dimension $n > 1$, à partir de la seconde méthode de construction présentée ci-dessus, B_n est obtenu en ajoutant un sommet racine r et en le connectant aux racines des arbres binomiaux $B_0, ..., B_{n-1}$. On peut alors coder les sommets de B_n ainsi qu'il suit (voir Fig.18) :
- Assigner le code $0...0$ à la racine r et le code $0...01$ à B_0.
- Appliquer récursivement l'hypothèse de récurrence à B_k et concaténer $0^{n-k-1}1$ à la gauche de tous les codes de B_k, pour $k = 1, ..., n - 1$.

Il est aisé de constater que cette indexation satisfait la première partie de la proposition. La seconde propriété de la proposition est déduite de manière directe. □

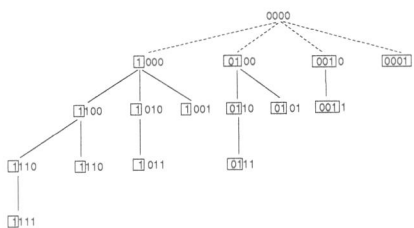

Figure 18 – Indexation de B_n pour $n = 4$

Proposition 3.2. *L'indice de Wiener de l'arbre binomial B_n est :*

$$D(B_n) = (n - 1)2^{2n-1} + 2^{n-1} \qquad (3.1)$$

Preuve :

Considérons la troisième méthode de construction récursive de l'arbre binomial B_n qui consiste à prendre B_{n-1} et à ajouter à chacun de ses sommets u un sommet pendant u' connecté à u. Notons $d(x, y)$ la distance entre deux sommets x et y de B_n ; l'indice de Wiener de B_n peut être calculé en évaluant la somme des distances entre sommets se trouvant dans B_{n-1} auquel l'on ajoute la somme des distances entre chaque sommet pendant et les sommets de B_n et enfin la somme des distances entre sommets pendants. On a alors :

$$D(B_n) = \tfrac{1}{2}\sum_{x,y \in B_{n-1}} d(x,y) + \sum_{x \in B_n \setminus B_{n-1}, y \in B_{n-1}} d(x,y) + \tfrac{1}{2}\sum_{x,y \in B_n \setminus B_{n-1}} d(x,y)$$

Soit $v(x)$ le sommet adjacent à un sommet $x \in B_n \setminus B_{n-1}$; l'équation précédente peut être réécrite ainsi qu'il suit :

$$\begin{aligned}
D(B_n) &= D(B_{n-1}) + \sum_{x \in B_n \setminus B_{n-1}} \left(2^{n-1} + \sum_{y \in B_{n-1}} d(v(x), y)\right) + \tfrac{1}{2} \sum_{x,y \in B_n \setminus B_{n-1}} d(x,y) \\
&= D(B_{n-1}) + 2^{n-1} * 2^{n-1} + \sum_{x,y \in B_{n-1}} d(x,y) + \tfrac{1}{2} \sum_{x,y \in B_n \setminus B_{n-1}} d(x,y) \\
&= D(B_{n-1}) + 2^{n-1} * 2^{n-1} + 2D(B_{n-1}) + \tfrac{1}{2} \sum_{x \in B_n \setminus B_{n-1}} \left(\sum_{y \in B_n \setminus B_{n-1} \setminus \{x\}} (2 + d(v(x), v(y))) \right) \\
&= 3D(B_{n-1}) + 2^{2n-2} + \tfrac{1}{2} \sum_{x \in B_n \setminus B_{n-1}} \left(2(2^{n-1} - 1) + \sum_{y \in B_{n-1}} d(v(x), y)\right) \\
&= 3D(B_{n-1}) + 2^{2n-2} + \tfrac{1}{2} * 2 * 2^{n-1}(2^{n-1} - 1) + \tfrac{1}{2} \sum_{x,y \in B_{n-1}} d(x,y) \\
&= 4D(B_{n-1}) + 2^{2n-1} - 2^{n-1}
\end{aligned}$$

De la résolution de cette équation récurrente, on obtient le résultat. □

L'hypercube est un graphe qui appartient à la classe des graphes $K_2 \times G$ qui sont obtenus en prenant deux copies G_1 et G_2 du graphe G et en connectant chaque sommet $x \in V(G_1)$ à son sommet jumeau $x' \in V(G_2)$. Dans [10], deux principales méthodes de constructions d'arbres de plus courts chemins sont proposées pour ces graphes. Il s'agit de :

- Méthode 1 : prendre deux copies T_1^* et T_2^* de l'arbre couvrant de distance moyenne minimale T^* de G et connecter le centroid c_1 de T_1^* à son jumeau c_2 dans T_2^* ;

- Méthode 2 : prendre un arbre couvrant de distance moyenne minimale T^* de G et connecter à chacun des sommets de T^* un sommet pendant.

La première méthode s'appuie sur la récursivité des graphes $K_2 \times G$ en estimant que la réunion par leur centroid des arbres couvrants de distance moyenne minimale de G_1 et G_2 peut produire l'ACDM de $K_2 \times G$. Par contre la seconde méthode se rapproche des méthodes de construction d'arbre de plus courts chemins à partir d'un noyau qui comme nous l'avons indiqué au Chapitre 1 ont permis d'obtenir les meilleures approximations pour ACDM.

Il a été démontré par McCanna [34] qu'aucune des deux méthodes çi-dessus ne produit toujours le meilleur résultat dans tous les cas de graphes mais que pour l'hypercube les deux méthodes produisent la même solution B_n. Cette remarque et les résultats empiriques obtenus pour de petites valeurs de n, ont suggéré à A.A. Dobrynin, R. Entringer et I. Gutman [10] la conjecture suivante.

Conjecture 3.1. *(Dobrynin, Entringer et Gutman [10]) L'arbre binomial est un arbre couvrant de distance moyenne minimale pour l'hypercube.*

3.1.1 Optimalité locale de B_n

Dans ce paragraphe, nous faisons un pas vers la démonstration de la conjecture de A.A. Dobrynin, R. Entringer et I. Gutman [10] en démontrant que sur l'hypercube, l'arbre binomial B_n est un optimum local pour le 1-move.

Théorème 3.1. *([29]) L'arbre binomial est un optimum local pour l'opération de 1-move sur les arbres couvrants de l'hypercube.*

Preuve :

L'opération de 1-move consiste à ajouter à un arbre T, une arête $e = \{u, v'\} \notin E(T)$ et à supprimer une arête e' dans l'unique cycle créé par l'ajout de e. Sans nuire à la généralité, nous pouvons supposer que $|u| = |v'| + 1$. Dans la suite v représente le père du sommet u dans l'arbre T enraciné ; par conséquent $|u| = |v| + 1$ (voir Fig.19). Considérons G comme le graphe obtenu par ajout de l'arête e à B_n et notons w le premier ancêtre commun à v et à v' (des feuilles vers la racine) dans B_n. À partir de la Proposition 3.1 :

- $w = w_1...w_{r-1}10...0$
- $w, v_1 = w + e_{i_1}, ..., v = v_k = w + e_{i_1} + ... + e_{i_k}$, avec $r < i_1 < i_2 < ... < i_k$, est l'unique chemin de w à v dans T
- $w, v'_1 = w + e_{j_1}, ..., v' = w + e_{j_1} + ... + e_{j_k}$, avec $r < i_1 < j_1 < j_2 < ... < j_k$, est l'unique chemin de w à v' dans H
- $u = v + e_{i_{k+1}}, i_k < i_{k+1}$
- $u = v' + e_{j_{k+1}}$, avec $j_{k+1} < j_k$

Etant donné que $\{i_1, i_2, ..., i_k, i_{k+1}\} = \{j_1, j_2, ..., j_k, j_{k+1}\}$, on en déduit $j_1 = i_2$, ..., $j_k = i_{k+1}, j_{k+1} = i_1$ et $A'_1 = A_2, ..., A'_k = A_{k+1}$ (Fig.19(a)).

Notons $v_0 = v'_0 = w$, $a_i = \{v_i, v_{i+1}\}$ pour $0 \leq i \leq k$, $a'_i = \{v'_{i-1}, v'_i\}$ pour $1 \leq i \leq k$ et $a_{k+1} = a'_{k+1} = e$. Après l'ajout de l'arête e, on doit supprimer une arête e' ; soit $G - e'$ l'arbre obtenu après suppression de e'.

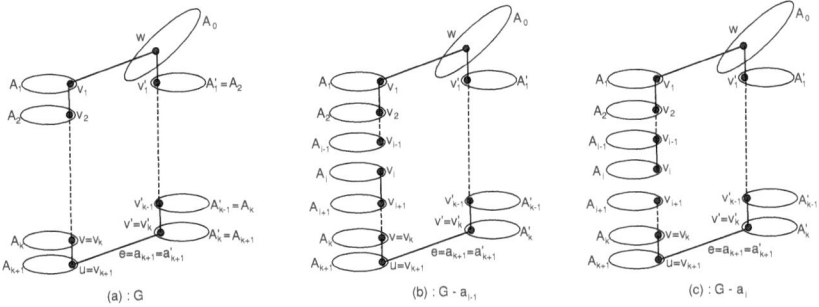

Figure 19 – *1-move* sur H_n

ACDM sur l'hypercube et le tore

Le Théorème 3.1 stipule que $D(G - a_i) \geq D(G - a_{k+1})$ pour $i = 0, ..., k$ et $D(G - a'_i) \geq D(G - a'_{k+1})$ pour $i = 1, ..., k$. Nous allons établir ce résultat en montrant que $D(G - a_{i-1}) \geq D(G - a_i)$ pour $i = 1, ..., k+1$ et $D(G - a'_{i-1}) \geq D(G - a'_i)$ pour $i = 2, ..., k+1$. Comparons donc $D(G - a_{i-1})$ et $D(G - a_i)$ (Fig.19(b) et Fig. 19(c)). La comparaison entre $D(G - a'_{i-1})$ et $D(G - a'_i)$ peut être effectuée de la même manière.

Dans G, $d_{G-a_{i-1}}(x,y) \neq d_{G-a_i}(x,y)$ si et seulement si un des sommets x, y appartient à A_i et l'autre sommet n'appartient pas à A_i. En plus, il est aisé de vérifier que si $x \in A_i$ et $y \in A_{i-1}$ alors $d_{G-a_{i-1}}(x,y) - d_{G-a_i}(x,y) = 2k$, et si $x \in A_i$ et $y \in A_{i+1}$ alors $d_{G-a_{i-1}}(x,y) - d_{G-a_i}(x,y) = -2k$.

Plus généralement, considérons deux mobiles qui initialement (à $t = 0$) se trouvent sur le sommet v_i et qui se déplacent d'un sommet à l'autre par unité de temps dans des sens opposés le long de l'unique cycle $v_0, v_1, ..., v_k, u, v'_k, v'_{k-1}, ..., v'_1, v'_0 = v_0$ de G. Soit U_t le sous-ensemble de la partition $A_0 \cup A_1 \cup ... \cup A_{k+1} \cup A'_1, ..., A'_k$ illustrée à la Figure 19, correspondant à la position à l'instant t du mobile qui se déplace dans le sens des aiguilles d'une montre. Soit D_t le sous-ensemble correspondant à la position à l'instant t du mobile qui se déplace dans le sens contraire des aiguilles d'une montre. Il est aisé de vérifier que si $x \in A_i$ et $y \in U_t$ alors $d_{G-a_{i-1}}(x,y) - d_{G-a_i}(x,y) = 2(k+1-t)$ et si $x \in A_i$ et $y \in D_t$ alors $d_{G-a_{i-1}}(x,y) - d_{G-a_i}(x,y) = -2(k+1-t)$. En particulier, $d_{G-a_{i-1}}(x,y) - d_{G-a_i}(x,y) = 0$ pour $x \in A_i$ et $y \in U_{k+1} = D_{k+1}$. On en déduit,

$$
\begin{aligned}
D(G - a_{i-1}) - D(G - a_i) &= \sum_{x \in A_i} \sum_{y \notin A_i} (d_{G-a_{i-1}}(x,y) - d_{G-a_i}(x,y)) \\
&= \sum_{x \in A_i} \sum_{t=1}^{k} \left(\sum_{y \in U_t \cup D_t} (d_{G-a_{i-1}}(x,y) - d_{G-a_i}(x,y)) \right) \\
&= |A_i| \sum_{t=1}^{k} 2(k+1-t)(|U_t| - |D_t|)
\end{aligned}
$$

Montrons que $|U_t| \geq |D_t|$ pour $t = 1, ..., k$. A partir de la première méthode de construction récursive des arbres binomiaux présentée plus haut, une vue locale de B_n à partir du sommet w peut être représentée comme l'illustre la Figure 20. On a donc $|A_0| \geq |A_1|$. D'autre part, pour tout $r \geq 1$, $A_{r+1} \cup A_{r+2} \cup ... \cup A_{k+1}$ est une branche de $A_r \cup A_{r+1} \cup A_{r+2} \cup ... \cup A_{k+1} = B_{n-i_r}$. Par conséquent $|A_r| \geq |A_{r+1} \cup A_{r+2} \cup ... \cup A_{k+1}| \geq |A_{r+1}|$.

Les positions à l'instant t des mobiles qui, partant du sommet v_i à $t = 0$, se déplacent respectivement dans le sens et suivant le sens contraire des aiguilles d'une montre, sont telles que $U_t = A_i$ et $D_t = A_j$ avec $i < j$, d'où $|U_t| - |D_t| \geq 0$. Ceci termine la preuve de la proposition. □

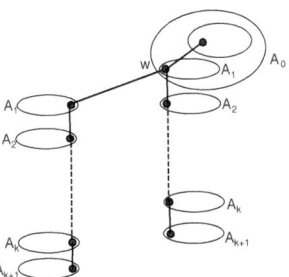

Figure 20 – Vue locale de B_n à partir du sommet w

3.1.2 Voisinage du centroid de l'arbre optimum sur H_n

Nous présentons dans ce paragraphe une proposition qui caractérise le voisinage du centroid de l'ACDM de l'hypercube.

Proposition 3.3. *Soit T_n^* l'arbre couvrant de distance moyenne minimale de l'hypercube H_n. Si l'on note par $\hat{c}$ le centroid de T_n^* alors $\hat{c}$ a un voisin v_1 tel que $deg_{H_n}(v_1) = deg_{T_n^*}(v_1)$.*

Preuve :
Sans nuire à la généralité, supposons que $\hat{c} = 0...0$ et que les sous-arbres S_1, S_2, ... S_n de racines respectives $v_1 = 10...0$, $v_2 = 010...0$, ..., $v_n = 0...01$ sont tels que $|S_1| \geq |S_2| \geq ... \geq |S_n|$. Pour établir le résultat, nous procédons par contradiction. Supposons que v_1 a moins de $n-1$ fils dans T_n^*. Il existe alors un sommet u tel que $\{u, v_1\} \in E(H_n)$ mais $\{u, v_1\} \notin E(T_n^*)$. Les deux situations représentées par la Figure 21 sont possibles. Soit T' l'arbre obtenu en remplaçant dans l'arbre T_n^* le père de u par v_1.

- Si u est un descendant de v_1 (Fig. 21(a)) alors, $|A_1| + |A_2| + ... + |A_k| + |T| < |C|$ et à partir du Corollaire 2.2, $D(T') - D(T_n^*) = |T| \left(\sum_{i=1}^{k}(2i-k)|A_i| - k|C| \right)$. Par conséquent $D(T') - D(T^*) \leq k|T| \left(\sum_{i=1}^{k}|A_i| - |C| \right) < 0$.

- Si u n'est pas un descendant de v_1 (Fig. 21(b)). Soit $S_j = \{v_j\} \cup A_1 \cup ... \cup A_k \cup T$, $|S_j| > |A_1| + |A_2| + ... + |A_k|$. A partir du Corollaire 2.2 on obtient

$$D(T') - D(T_n^*) = |T| \left(\sum_{i=1}^{k}(2i - k + 1)|A_i| - (k-1)|C| - (k+1)|S_1| \right)$$

$$\leq |T| \left(\sum_{i=1}^{k}(k+1)|A_i| - (k-1)|C| - (k+1)|S_1| \right)$$
(puisque $\forall i \in \{1, ..., k\}\ |A_i| \geq 0$)

Par conséquent

$$D(T') - D(T_n^*) < |T|((k+1)(|S_j| - |S_1|) - (k-1)|C|)$$
$$< 0 \text{ (puisque } |S_j| \leq |S_1| \text{ et } |C| > 0)$$

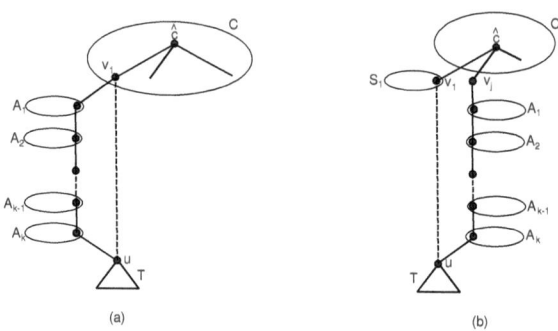

Figure 21 – Dispositions de u dans T_n^*

□

La proposition précédente et le Théorème 2.5 permettent d'identifier la structure du sous-arbre à partir duquel l'on doit démarrer la construction de l'ACDM de l'hypercube. Ce sous-arbre est illustré par la Figure 22.

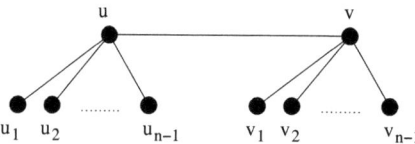

Figure 22 – Sous-arbre de démarrage de la construction de l'ACDM de H_n

La proposition 3.3 renforce la conjecture de Dobrynin et al. [10] car elle indique que le voisinage du centroid de l'ACDM de l'hypercube est le même que celui du centroid de l'arbre binomial.

3.2 ACDM sur le tore

Un tore est une grille à deux dimensions avec des boucles liant les sommets sur les bords de la grille. Ainsi un tore $T_{p,q}$ est un graphe composé de $n = p \times q$ sommets tel que

ACDM sur l'hypercube et le tore

chaque sommet est indexé par $x_{i,j}$ avec $i \in \{0, ..., p-1\}$ et $j \in \{0, ..., q-1\}$ et est connecté à quatre voisins $x_{i,(j+1) \bmod q}$, $x_{i,(j-1) \bmod q}$, $x_{(i+1) \bmod p, j}$ et $x_{(i-1) \bmod p, j}$.

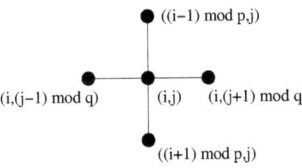

Figure 23 – Voisinnage d'un sommet dans un tore

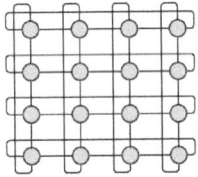

Figure 24 – Le tore 4×4

Le lemme ci-dessous détermine le nombre de sommets à distance d d'un sommet donné dans un tore $T_{p,q}$.

Lemme 3.1. *Soit $T_{p,q}$ un tore de p lignes et q colonnes tel que $p \leq q$. Soit x un sommet quelconque du tore ; si l'on note par $s(p, q, d)$ le nombre de sommets de $T_{p,q}$ à distance d de x, alors $s(p, q, 0) = 1$ et :*

1. *si $p = 2k + 1$ et $q = 2k'$ alors*

$$s(p, q, d) = \begin{cases} 4d & 1 \leq d \leq k \\ 2p & k < d < k' \\ 2p - 1 & d = k' \\ 2(p + q - 2d) & k' < d \leq k + k' \end{cases} \quad (3.2)$$

2. *si $p = 2k + 1$ et $q = 2k' + 1$ alors*

$$s(p, q, d) = \begin{cases} 4d & 1 \leq d \leq k \\ 2p & k < d \leq k' \\ 2(p + q - 2d) & k' < d \leq k + k' \end{cases} \quad (3.3)$$

3. *si $p = 2k$ et $q = 2k'$ avec $k \neq k'$ alors*

$$s(p, q, d) = \begin{cases} 4d & 1 \leq d < k \\ 2p & k < d < k' \\ 2p - 1 & d = k \text{ ou } d = k' \\ 2(p + q - 2d) & k' < d < k + k' \\ 1 & d = k + k' \end{cases} \quad (3.4)$$

ACDM sur l'hypercube et le tore

4. si $p = q = 2k$ alors

$$s(p,q,d) = \begin{cases} 4d & 1 \leq d < k \\ 2p-2 & d = k \\ 4(p-d) & k < d < p \\ 1 & d = p \end{cases} \quad (3.5)$$

5. si $p = 2k$ et $q = 2k'+1$ alors

$$s(p,q,d) = \begin{cases} 4d & 1 \leq d < k \\ 2p-1 & d = k \\ 2p & k < d \leq k' \\ 2(p+q-2d) & k'+1 < d \leq k+k' \\ 2 & d = k+k' \end{cases} \quad (3.6)$$

Preuve :

Nous établissons le résultat pour un cas. Les démonstrations pour les autres cas sont similaires. Considérons le cas $p = 2k$ et $q = 2k'+1$ (voir Fig. 25). Il est évident que pour $1 \leq d < k$ on a $s(p,q,d) = 4d$. Pour $d = k$, à cause de la parité du nombre de ligne, un sommet sur les $4d$ possibles n'existe pas d'où $s(p,q,d) = 2p-1$. A partir du rang $k+1$, on a exactement le même nombre de sommets à distance d soit $2p$. Cette propriété est vérifiée jusqu'à ce que l'on atteigne les bordures droite et gauche. A partir de ce rang, 4 sommets (2 à gauche et 2 à droite) sont éliminés lorsqu'on passe du rang i au rang $i+1$. A distance $k+k'$ on trouve 2 sommets (dans les coins supérieurs gauche et droite).

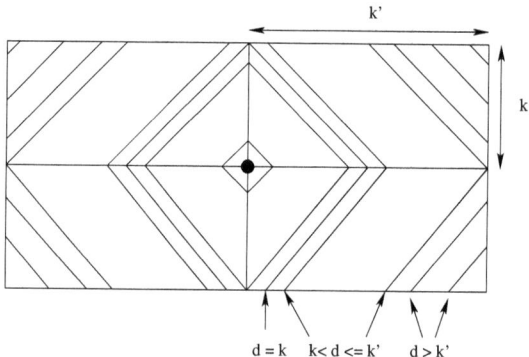

Figure 25 – Un tore $T_{p,q}$ avec $p = 2k$ et $q = 2k'+1$

□

Nous montrons dans la prochaine section que pour ACDM, les arbres représentés par la Figure 26 et que nous appelons *peignes* sont des optimums locaux pour l'opération de *1-move*.

ACDM sur l'hypercube et le tore

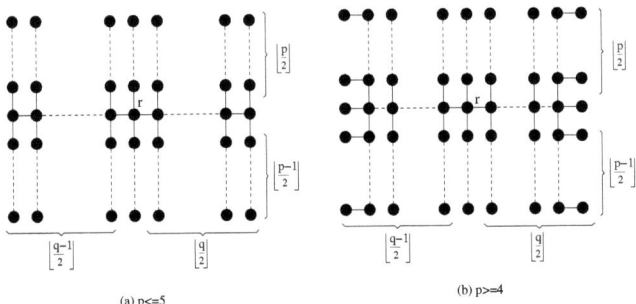

Figure 26 – Arbres $C_{p,q}$ ($p \leq q$)

3.2.1 Optimalité locale du peigne $C_{p,q}$

Les arbres $C_{p,q}$ représentés par la Figure 26 ne diffèrent que par les bordures droites et gauches. Nous commençons par identifier les valeurs de p pour lesquelles l'un des arbres est meilleur que l'autre.

Proposition 3.4. *Soit $A_{p,q}$ l'arbre représenté par la Figure 26(a) et soit $B_{p,q}$ l'arbre représenté par la Figure 26(b) avec $p \geq 3$.*

$$D(B_{p,q}) - D(A_{p,q}) \begin{cases} > 0 & \text{si } p = 3 \\ = 0 & \text{si } p \in \{4,5\} \\ < 0 & \text{si } p > 5 \end{cases} \tag{3.7}$$

Preuve :

D'après le Théorème 2.11 qui donne la nouvelle formule de calcul de l'indice de Wiener d'un arbre, l'on déduit que $D(B_{p,q})$ et $D(A_{p,q})$ ne diffèrent que par la valeur de $\sum_{x \in V(T) \setminus \{r\}} |T_r(x)|^2$ où T est soit l'arbre $B_{p,q}$ soit l'arbre $A_{p,q}$. Plus précisément, la différence entre $D(B_{p,q})$ et $D(A_{p,q})$ est due à la disposition des sommets sur les deux colonnes les plus à gauche et les plus à droite sur la Figure 26.

1. Si p est impair alors

$$\begin{aligned} D(B_{p,q}) - D(A_{p,q}) &= 2\left(p + 2\sum_{i=1}^{(p-1)/2}(2i)^2\right) - 2\left(p^2 + 4\sum_{i=1}^{(p-1)/2} i^2\right) \\ &= 2\left(p - p^2 + 4\sum_{i=1}^{(p-1)/2} i^2\right) \\ &= 2\left(p - p^2 + \frac{p(p-1)(p+2)}{6}\right) \end{aligned}$$

Par conséquent pour $p = 5$, $D(B_{p,q}) = D(A_{p,q})$ et pour $p > 5$, $D(B_{p,q}) < D(A_{p,q})$.

2. Si p est pair alors

$$\begin{aligned}
D(B_{p,q}) - D(A_{p,q}) &= 2\left(p + \sum_{i=1}^{p/2}(2i)^2 + \sum_{i=1}^{p/2-1}(2i)^2\right) - 2\left(p^2 + 2\sum_{i=1}^{p/2}i^2 + 2\sum_{i=1}^{p/2-1}i^2\right) \\
&= 2\left(p - p^2 + 2\sum_{i=1}^{p/2}i^2 + 2\sum_{i=1}^{p/2-1}i^2\right) \\
&= 2\left(p - p^2 + \tfrac{p(p+1)(p+2)}{12} + \tfrac{p(p-1)(p-2)}{12}\right)
\end{aligned}$$

Ainsi pour $p = 4$, $D(B_{p,q}) = D(A_{p,q})$ et pour $p > 4$, $D(B_{p,q}) < D(A_{p,q})$. □

Nous pouvons à présent démontrer que le peigne $C_{p,q}$ est un optimum local pour l'opération de *1-move* sur le tore.

Théorème 3.2. *L'arbre $C_{p,q}$ est un optimum local de ACDM pour l'opération de 1-move sur le tore $T_{p,q}$.*

Preuve :

Nous établissons le résultat pour le cas où $p \geq 4$; le cas $p \leq 5$ se démontre de la même manière. Soit r le médian de $C_{p,q}$. Soit u un sommet de $C_{p,q}$ et soit v le père de u dans l'arbre $C_{p,q}$ enraciné en r. Supposons que l'opération de *1-move* remplace l'arête $\{u, v\}$ par l'arête $\{u, v'\}$ et notons par T' l'arbre obtenu après la modification. Soit w le premier ancêtre commun à v et v' en remontant vers la racine de l'arbre T. Trois cas sont à considérer :

1. u est une feuille située sur la bordure gauche ou droite de $C_{p,q}$ (Fig.26).

   (a) si le remplacement de $\{u, v\}$ par $\{u, v'\}$ est tel qu'illustré par la Figure Fig.27(a), on remarque que $d_T(r, u) = d_{T'}(r, u)$ et dans ce cas si u est l'un des sommets au coin de $C_{p,q}$ alors $T = T'$. Dans le cas contraire, w est le père de v et v' (Fig.27(a)) et en utilisant le Corollaire 2.3 on obtient $D(T') - D(T) = 2(\left(|T_w(v)|-1\right) - |T_w(v')|) = 2(\left(|T_w(v)|-1\right) - 1) > 0$ car $|T_w(v)| > 2$.

   (b) si le remplacement de $\{u, v\}$ par $\{u, v'\}$ est tel qu'illustré à la Figure 27(b) alors il éloigne u de r et en utilisant le Corollaire 2.3 on obtient $D(T') - D(T) = d_{T'}(u) - d_T(u) = (d_{T'}(u, v') - d_T(u, v')) + (d_{T'}(u, v) - d_T(u, v))(p * q - 2c + 1)$ où $2c$ est la taille du sous-arbre $|T_r(v)|$. On obtient $D(T') - D(T) = (1 - 3) + (3 - 1)(p * q - 2c + 1) = 2(p * q - 2c)$ et sachant que $p \geq 4$ et $2c < p$, on déduit $D(T') - D(T) > 0$.

   (c) si v' est une feuille de T située sur la bordure opposée à celle à laquelle appartient u (Fig.27(c)) alors, $D(T') - D(T) = d_{T'}(u) - d_T(u) = \sum_{x \in V(T)}(d_{T'}(u, x) - d_T(u, x))$. Soit y un sommet de T différent de v' et différent d'un sommet de l'axe vertical passant par r. Soit y' le sommet symétrique à y par rapport à l'axe vertical passant par r. Il est aisé de montrer que $d_{T'}(u, y) - d_T(u, y) + d_{T'}(u, y') - d_T(u, y') = 2$. De même, si y est un sommet de l'axe vertical passant par r on obtient $d_{T'}(u, y) - d_T(u, y) = 1$. En plus, $d_{T'}(u, v') - d_T(u, v') =$

ACDM sur l'hypercube et le tore

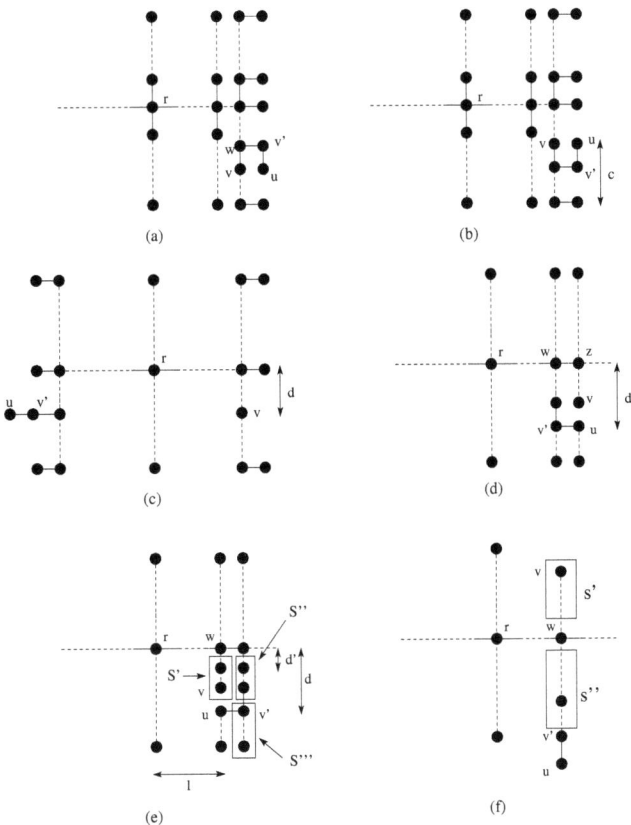

Figure 27 – *1-move* sur $T_{p,q}$

$1 - (2d + q - 1) = -2d - q + 2$ où d est la distance entre v et l'axe horizontal qui passe par r (Fig.27(c)). La somme de ces valeurs est alors $D(T') - D(T) = 2(\lfloor p(q-1)/2 \rfloor - 1) + p - 2d - q + 2 = pq - 2d - p$. Sachant que $2d < p$ et $p \leq q$ on déduit $D(T') - D(T) > 0$.

2. u est un sommet interne de $C_{p,q}$ (Fig.26).

   (a) si après le *1-move* u conserve sa distance par rapport à r (Fig.27(d)), $D(T') - D(T) = 2|H| \left(\sum_{x \in]w,v']} (|T_r(x)| - |H|) - \sum_{x \in]w,v']} |T_r(x)| \right)$. D'après la Figure 27(d), $(D(T')-D(T))/(2|H|) = (|T_r(w)| - |H|) + d(d-1)/2 - d(d-1)/2 - d|H| = |T_r(w)| - (d+1)|H| > 0$. En effet $|T_r(w)| > 3p/2$ et $d < p/2$.

   (b) si u s'éloigne de r horizontalement comme illustré par la Figure 27(e) alors u s'éloigne d'une distance 2 de tous les sommets auquel il est lié par un chemin qui passe par w. u s'éloigne des sommets de S' de $2(d'+1)$ ($d' = 1, ..., d-1$). u se rapproche des sommets de S'' de $2d'$ ($d' = 1, ..., d-1$). u se rapproche des

ACDM sur l'hypercube et le tore

sommets de S'''' de $2d$. On a le bilan $D(T')-D(T) = 2\sum_{d'=1}^{d-1}(d'+1) - 2\sum_{d'=1}^{d-1} d' - 2\sum_{d'=d+1}^{p/2} d + 2(p(q/2+l)+p/2) = 2(d-1) - d(p/2+d+1)(p/2-d) + 2(p(q/2+l)+p/2) > 0$ car $1 \le d < p/2, 0 \le l \le q/2 - 3$ et $p \le q$.

3. u est une feuille située sur la bordure basse ou haute de $C_{p,q}$ (Fig.26).

   (a) si v' s'éloigne de r verticalement comme illustré par la Figure 27(f) alors $D(T') - D(T) = d_{T'}(u) - d_T(u) = (pq - p + 1) - (p - 2) = p(q - 2) + 3 > 0$. En effet, u s'éloigne d'une distance égale à 1 de tous les sommets de $V(T)\backslash S' \cup S'' \cup \{v'\}$ et u se rapproche de v' d'une distance $q - 2$. Pour les sommets appartenant au même axe vertical que u, il y a compensation entre rapprochement et éloignement pour les sommets situés de part et d'autre de l'axe horizontal passant par r (S' et S'').

   (b) si u conserve sa distance par rapport à r après le 1-move, on retrouve un cas particulier du cas traité en 2(a).

   (c) si u s'éloigne de r horizontalement alors on retrouve un cas particulier du cas 2(b).

□

L'application d'algorithmes exacts à des tores de taille inférieure ou égale à 100 nous a permis d'obtenir le peigne comme arbre optimal. Ces résultats combinés à l'optimalité locale du peigne pour l'opération de 1-move nous permettent d'énoncer la conjecture ci-après.

Conjecture 3.2. *L'arbre $C_{p,q}$ est l'arbre optimum pour ACDM sur le tore $T_{p,q}$.*

L'arbre $C_{p,q}$ étant un arbre de plus courts chemins sur le tore on a $d_T(r) = \sum_{i=1}^{\lfloor p/2 \rfloor + \lfloor q/2 \rfloor} i * s(p,q,i)$. La proposition suivante donne une expression explicite à la somme des carrés des tailles des sous-arbres du peigne $C_{p,q}$. Utilisée avec le Lemme 3.1, elle permet une évaluation plus simple de l'indice de Wiener pour le peigne.

Proposition 3.5. *Soit r le médian du peigne $C_{p,q}$ ($p \le q$). La somme $\sum_{x \in V(T) \backslash \{r\}} |T_r(x)|^2$ des carrés des tailles des sous-arbres de $T = C_{p,q}$ est donnée par :*

1. *pour $p = 3$,*

$$\text{si } q \text{ est impair,} \sum_{x \in V(T) \backslash \{r\}} |T_r(x)|^2 = 2q + 3q(q^2 - 1)/4 \qquad (3.8)$$

$$\text{si } q \text{ est pair,} \sum_{x \in V(T) \backslash \{r\}} |T_r(x)|^2 = 2q + 3q(q^2 + 2)/4 \qquad (3.9)$$

2. *pour $p \ge 4$*

- *si $p = 2k + 1$ et $q = 2k' + 1$,*

$$\sum_{x \in V(T) \backslash \{r\}} |T_r(x)|^2 = 2p(1-p) + \frac{qp^2(q^2-1)}{12} + \frac{p(p^2-1)(q+4)}{12} \qquad (3.10)$$

ACDM sur l'hypercube et le tore

- si $p = 2k$ et $q = 2k' + 1$,

$$\sum_{x \in V(T) \setminus \{r\}} |T_r(x)|^2 = 2p(1-p) + \frac{qp^2(q^2-1)}{12} + \frac{p(p^2+2)(q+4)}{12} \quad (3.11)$$

- si $p = 2k + 1$ et $q = 2k'$,

$$\sum_{x \in V(T) \setminus \{r\}} |T_r(x)|^2 = 2p(1-p) + \frac{qp^2(q^2+2)}{12} + \frac{p(p^2-1)(q+4)}{12} \quad (3.12)$$

- si $p = 2k$ et $q = 2k'$,

$$\sum_{x \in V(T) \setminus \{r\}} |T_r(x)|^2 = 2p(1-p) + \frac{qp^2(q^2+2)}{12} + \frac{p(p^2+2)(q+4)}{12} \quad (3.13)$$

Preuve :

Considérons l'arbre $C_{p,q}$ avec $4 \leq p \leq q$. $C_{p,q}$ peut être scindé en trois parties : l'axe horizontal passant par r, l'axe vertical passant par r et la troisième partie est constituée des quatre blocs que l'on obtient en supprimant les axes passant par r. En utilisant ce découpage, la somme $SC(T) = \sum_{x \in V(T) \setminus \{r\}} |T_r(x)|^2$ peut s'écrire :

1. si $p = 2k + 1$ et $q = 2k' + 1$,

$$\begin{aligned} SC(T) &= 2\left(1 + \sum_{i=2}^{k'}(ip)^2\right) + 2\sum_{i=1}^{k} i^2 + 4\left((k'-2)\sum_{i=1}^{k} i^2 + k + \sum_{i=1}^{k}(2i)^2\right) \\ &= 2\left(1 - p^2 + p^2 \sum_{i=1}^{k'} i^2\right) + 4k + 2(2k'+5)\sum_{i=1}^{k} i^2 \\ &= 2p(1-p) + 2p^2 \sum_{i=1}^{k'} i^2 + 2(q+4)\sum_{i=1}^{k} i^2 \\ &= 2p(1-p) + \frac{qp^2(q^2-1)}{12} + \frac{p(p^2-1)(q+4)}{12} \end{aligned}$$

2. si $p = 2k$ et $q = 2k' + 1$,

$$\begin{aligned} SC(T) &= 2\left(1 + \sum_{i=2}^{k'}(ip)^2\right) + \sum_{i=1}^{k} i^2 + 2\left((k'-2)\sum_{i=1}^{k} i^2 + k + \sum_{i=1}^{k}(2i)^2\right) \\ &\quad + \sum_{i=1}^{k-1} i^2 + 2\left((k'-2)\sum_{i=1}^{k-1} i^2 + (k-1) + \sum_{i=1}^{k-1}(2i)^2\right) \\ &= 2p(1-p) + \frac{qp^2(q^2-1)}{12} + \frac{p(p^2+2)(q+4)}{12} \end{aligned}$$

3. si $p = 2k + 1$ et $q = 2k'$,

$$SC(T) = 2 + \sum_{i=2}^{k'}(ip)^2 + \sum_{i=2}^{k'-1}(ip)^2 + 2\left((k'-2)\sum_{i=1}^{k}i^2 + k + \sum_{i=1}^{k}(2i)^2\right)$$

$$+2\left((k'-3)\sum_{i=1}^{k}i^2 + k + \sum_{i=1}^{k}(2i)^2\right) + 2\sum_{i=1}^{k}i^2$$

$$= 2p(1-p) + \frac{qp^2(q^2+2)}{12} + \frac{p(p^2-1)(q+4)}{12}$$

4. si $p = 2k$ et $q = 2k'$,
$$SC(T) = 2 + \sum_{i=2}^{k'}(ip)^2 + \sum_{i=2}^{k'-1}(ip)^2 + (k'-2)\sum_{i=1}^{k}i^2 + k + \sum_{i=1}^{k}(2i)^2$$

$$+(k'-2)\sum_{i=1}^{k-1}i^2 + (k-1) + \sum_{i=1}^{k-1}(2i)^2 + (k'-3)\sum_{i=1}^{k}i^2 + k + \sum_{i=1}^{k}(2i)^2$$

$$+(k'-3)\sum_{i=1}^{k-1}i^2 + (k-1) + \sum_{i=1}^{k-1}(2i)^2 + \sum_{i=1}^{k}i^2 + + \sum_{i=1}^{k-1}i^2$$

$$= 2p(1-p) + \frac{qp^2(q^2+2)}{12} + \frac{p(p^2+2)(q+4)}{12}$$

Pour $p = 3$, si $q = 2k'+1$ alors on a $SC(T) = 4k'+2+2\sum_{i=1}^{k'}(3i)^2 = 2q+3(k'+1)(2k'+1)k' = 2q+3q(q^2-1)/4$. Si $q = 2k'$ alors $SC(T) = 4k'+\sum_{i=1}^{k'}(3i)^2+\sum_{i=1}^{k'-1}(3i)^2 = 2q+3(k'+1)(2k'+1)k'/2+3(k'-1)(2k'-1)k'/2 = 2q+3q(q+1)(q+2)/8+3q(q-1)(q-2)/8 = 2q+3q(q^2+2)/4$. □

3.3 Une nouvelle heuristique pour ACDM

La plupart des algorithmes d'approximation de l'arbre couvrant de distance moyenne minimale d'un graphe G sont basés sur la construction d'un arbre de plus courts chemins à partir d'un sous-arbre noyau de G [3, 6, 13]. Nous proposons une nouvelle heuristique qui améliore les solutions obtenues jusqu'ici dans la littérature grâce à la maximisation de la somme des carrés des tailles des sous-arbres d'un arbre enraciné.

Nous noterons dans la suite par $SC(T) = \sum_{x \neq r}|T_r(x)|^2$ la somme des carrés des tailles des sous-arbres de l'arbre T enraciné en un sommet r. Soient T et T' deux arbres de plus courts chemins à partir du sommet r. En utilisant le Théorème 2.4 qui donne la nouvelle formule de l'indice de Wiener, on montre aisément que $D(T) < D(T')$ pour des graphes homogènes si et seulement si $SC(T) > SC(T')$. Ceci suggère que les algorithmes d'approximation de l'arbre couvrant de distance moyenne minimale qui construisent des arbres de plus courts chemins à partir d'un noyau peuvent être améliorés en maximisant la somme des carrés des tailles des sous-arbres de ces arbres. ACDM étant NP-difficile, on en déduit qu'il en est de même du problème de la maximisation de $SC(T)$ pour un graphe donné G. L'heuristique que nous proposons produit en temps polynomial de bonnes solutions pour quelques classes de graphes homogènes.

Soit $G = (V, E)$ un graphe non-orienté homogène et connexe. Soit $\{r, x\} \in E$ une arête de G ; dans la suite nous notons par $SP(G, r, x) = \{y \in V : d_G(r, y) = d_G(r, x) + d_G(x, y)\}$ l'ensemble des sommets de G dont un plus court chemin à partir de r passe par x. L'algorithme glouton d'approximation de l'arbre couvrant de distance moyenne minimale d'un graphe homogène G est décrit ainsi qu'il suit ; r est le médian de G.

Algorithme 8 MaximiserSC($G = (V, E), r$)

1: **pour** chaque permutation $(x_1, ..., x_p)$ des voisins de r **faire**
2:     Considérer la décomposition $V_1 \cup V_2 \cup ... \cup V_p$ de V définie par :
      — $V_1 = SP(G, r, x_1)$;
      — $V_i = SP(G, r, x_i) - V_1 \cup V_2 \cup ... \cup V_{i-1}$ pour $i \geq 2$
3:     Considérer la permutation qui maximise la somme $|V_1|^2 + |V_2|^2 + ... + |V_p|^2$
4:     Appliquer récursivement la procédure aux sous-graphes de G engendrés par V_i, $i = 1, ..., p$
5: **fin pour**

Pour des graphes généraux, Algorithme 8 est exponentiel. Cependant il a une complexité polynomiale pour certaines classes de graphes telles que :

- Les graphes réguliers pour lesquels grâce à la symétrie, les permutations des voisins d'un sommet sont équivalents. Dans le cas de l'hypercube par exemple, à la première étape, toutes les permutations sont équivalentes. Pour les étapes suivantes, l'algorithme s'applique à des sous-hypercubes et la symétrie continue de s'appliquer localement.
- Les graphes où les sommets sont de degré borné par un entier d (cas du tore). La Figure 28 illustre l'exécution de l'étape 3 de l'algorithme `MaximiserSC` sur un tore.

Remarque 3.1. *L'application de l'algorithme* `MaximiserSC` *à l'hypercube retourne l'arbre binomial et appliqué au tore, il retourne le peigne.*

3.3.1 Cas particuliers de graphes homogènes $K_2 \times G$

En général, il n'existe pas pour un graphe G donné un seul arbre de plus courts chemins à partir d'un de ses sommets. Il est donc important pour démarrer un algorithme d'amélioration de l'indice de Wiener par optimisation locale de savoir construire parmi les arbres de plus courts chemins à partir d'un sommet x donné, celui qui minimise cet indice. C'est ce qu'essaie de faire l'algorithme `MaximiserSC` en cherchant à maximiser la somme des carrés des tailles des sous-arbres. L'algorithme `MaximiserSC` permet d'obtenir, dans l'espace des solutions potentielles, un point de départ dont la qualité est connue et que l'on estime être assez proche de l'optimum.

ACDM sur l'hypercube et le tore

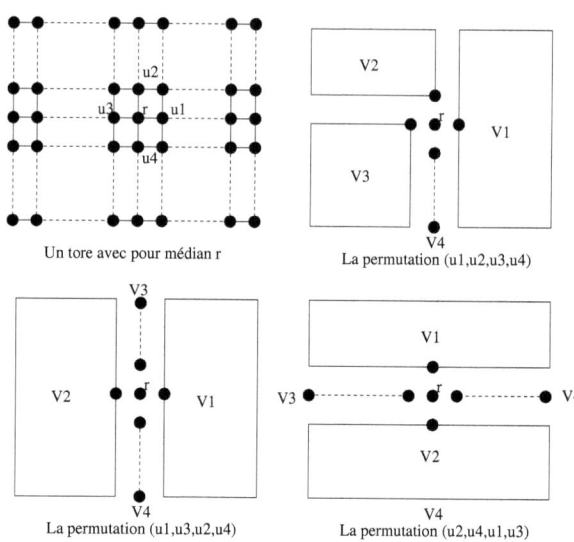

Figure 28 – Etape 3 de la nouvelle heuristique appliquée à un tore de médian r

Nous donnons dans ce paragraphe des éléments permettant d'améliorer la construction de l'arbre de plus courts chemins pour des graphes homogènes particuliers. Il s'agit des graphes $K_2 \times G$ qui sont obtenus en prenant deux copies G_1 et G_2 du graphe G et en connectant chaque sommet $x \in V(G_1)$ à son sommet jumeau $x' \in V(G_2)$. Rappelons les deux principales méthodes de construction d'arbres de plus courts chemins qui ont été proposées pour ce type de graphes [10].

- Méthode 1 : prendre deux copies T_1^* et T_2^* de l'arbre couvrant de distance moyenne minimale T^* de G et connecter le centroid c_1 de T_1^* à son jumeau c_2 dans T_2^* ;

- Méthode 2 : prendre un arbre couvrant de distance moyenne minimale T^* de G et connecter à chacun des sommets de T^* un sommet pendant.

Il a été démontré par McCanna [34] qu'aucune de ses méthodes ne produit toujours le meilleur résultat dans tous les cas de graphes. Par exemple, si l'on considère les graphes $G = K_2 \times P_N$ où P_N est une chaîne de longueur N, alors comme illustré sur la Figure 29 :

- pour $N = 3$, la première méthode produit la meilleure solution ;
- pour $N = 4, 5$, les solutions produites par les deux méthodes sont différentes mais ont le même indice de Wiener ;
- pour $N = 6$, la seconde méthode produit la meilleure solution ;

La proposition suivante précise les conditions dans lesquelles l'une des méthodes est meilleure que l'autre.

ACDM sur l'hypercube et le tore

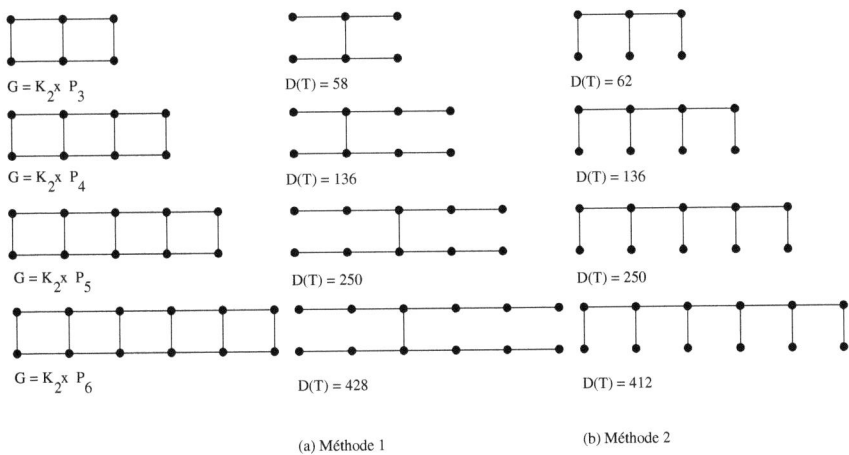

Figure 29 – Arbres obtenus par application des méthodes 1 et 2 aux graphes $G = K_2 \times P_N$.

Proposition 3.6. *Soit $G' = K_2 \times G$ un graphe homogène d'ordre n et soit T^* l'arbre couvrant de distance moyenne minimale de G, la méthode 1 de construction d'un arbre couvrant G' produit un résultat d'indice de Wiener plus petit que celui de l'arbre produit par la méthode 2 si et seulement si :*

$$n.d_{T^*}(c) - 2D(T^*) < \frac{n}{2}\left(\frac{n}{2} - 1\right) \tag{3.14}$$

Preuve :

Commençons par évaluer l'indice de Wiener de l'arbre obtenu par application de la première méthode. Soit $T1$ l'arbre obtenu par cette méthode et soient respectivement c_1 et c_2 les centroids de T_1^* et T_2^*. On a :

$$\begin{aligned}
D(T1) &= D(T_1^*) + D(T_2^*) + \sum_{x_1 \in V(T_1^*)} \sum_{x_2 \in V(T_2^*)} d_{T1}(x_1, x_2) \\
&= 2D(T^*) + \sum_{x_1 \in V(T_1^*)} \sum_{x_2 \in V(T_2^*)} (d_{T_1^*}(x_1, c_1) + 1 + d_{T_1^*}(x_2, c_2)) \\
&= 2D(T^*) + \sum_{x_2 \in V(T_1^*)} (\tfrac{n}{2} d_{T_1^*}(x_1, c_1) + \tfrac{n}{2} + d_{T_1^*}(c_2)) \\
&= 2D(T^*) + \tfrac{n}{2} d_{T_1^*}(c_1) + \left(\tfrac{n}{2}\right)^2 + \tfrac{n}{2} d_{T_2^*}(c_2) \\
&= 2D(T^*) + 2\tfrac{n}{2} d_{T_1^*}(c_1) + \left(\tfrac{n}{2}\right)^2 \\
&= 2D(T^*) + 2\tfrac{n}{2} d_{T^*}(c) + \left(\tfrac{n}{2}\right)^2
\end{aligned}$$

ACDM sur l'hypercube et le tore

où c est le centroid de T^*.

Soit $T2$ l'arbre obtenu par l'application de la seconde méthode. Soit c un centroid de T^* et soit V' l'ensemble des sommets qui seront rattachés à T^*. Si l'on enracine $T2$ par c alors on obtient :

$$\begin{aligned}
D(T2) &= D(T^*) + \sum_{x' \in V'} \sum_{x \in V(T^*)} d_{T2}(x, x') + \tfrac{1}{2} \sum_{x \in V'} \sum_{y \in V'} d_{T_n}(x, y) \\
&= D(T^*) + \sum_{x' \in V'} \sum_{x \in V(T^*)} (1 + d_{T2}(x, p(x'))) \\
&\quad \tfrac{1}{2} \sum_{x \in V'} \sum_{y \in V' - \{x\}} (2 + d_{T2}(pere(x), pere(y))) \\
&= D(T^*) + \sum_{x' \in V'} \left(\tfrac{n}{2} + \sum_{x \in V(T^*)} d_{T2}(x, p(x')) \right) \\
&\quad \tfrac{1}{2} \sum_{x \in V'} \left(2 \left(\tfrac{n}{2} - 1\right) + \sum_{y \in V' - \{x\}} d_{T2}(pere(x), pere(y)) \right) \\
&= D(T^*) + \left(\tfrac{n}{2}\right)^2 + \sum_{x' \in V'} \sum_{x \in V(T^*)} d_{T2}(x, p(x')) \\
&\quad \tfrac{1}{2} \left(2\tfrac{n}{2} \left(\tfrac{n}{2} - 1\right) + \sum_{x \in V'} \sum_{y \in V' - \{x\}} d_{T2}(pere(x), pere(y)) \right) \\
&= D(T^*) + \left(\tfrac{n}{2}\right)^2 + 2D(T^*) + \tfrac{n}{2}\left(\tfrac{n}{2} - 1\right) + D(T^*) \\
&= 4D(T^*) + \tfrac{n}{2}(n-1)
\end{aligned}$$

A partir des formules de $D(T1)$ et $D(T2)$, on déduit :

$$D(T1) < D(T2) \Leftrightarrow \tfrac{n}{2}\left(\tfrac{n}{2} + 2d_{T^*}(c)\right) < 2D(T^*) + \tfrac{n}{2}(n-1)$$

$$\Leftrightarrow n.d_{T^*}(c) - 2D(T^*) < \tfrac{n}{2}(n-1) - \left(\tfrac{n}{2}\right)^2$$

$\square$

McCanna [34] a montré que les méthodes 1 et 2 produisent la même solution B_n pour l'hypercube H_n. Nous retrouvons ce résultat en utilisant la Proposition 3.6. En effet en considérant l'arbre binomial B_{n-1} comme l'arbre couvrant de distance moyenne minimale pour l'hypercube H_{n-1} (ce qui est vérifiable pour de petites valeurs de n) et en utilisant la Proposition 3.2, on obtient la relation : $2^n . d_{B_{n-1}}(c) - 2D(B_{n-1}) = 2^n \sum_{i=1}^{n-1} i \binom{n}{i} - (n-2)2^{2n-2} - 2^{n-1} = (n-1)2^{2n-2} - (n-2)2^{2n-2} - 2^{n-1} = \tfrac{2^n}{2}\left(\tfrac{2^n}{2} - 1\right)$. Ce qui est cohérent avec le fait que l'arbre binomial peut être construit par l'une ou l'autre de ces deux méthodes.

3.4 Conclusion

Nous avons étudié le problème ACDM dans le cas de deux graphes réguliers et homogènes que l'on rencontre dans les architectures de machines parallèles : l'hypercube et le tore. Nous avons constaté que même dans ces cas de graphes simples, le problème reste difficile. Cependant en utilisant l'opération de 1-move pour la recherche d'optimums locaux et en prenant en compte la maximisation de la somme des carrés des sous-arbres de l'arbre cible, nous avons pu apporter quelques éléments de réponse au problème ACDM sur ces graphes.

Nous avons effectué des pas supplémentaires dans la démonstration de la conjectures de Dobrynin, Entringer et Gutman [10] en montrant que l'arbre binomial est un optimum local et qu'en plus le voisinage du centroid de l'arbre couvrant de distance moyenne minimale de H_n est le même que celui du voisinage du centroid de l'arbre binomial.

Nous avons également exhibé un arbre couvrant le tore (le peigne) et nous avons démontré que cet arbre est un optimum local pour l'opération de *1-move* pour ACDM. Nous avons conjecturé que cet arbre est l'arbre couvrant de distance moyenne minimale du tore.

Nous avons proposé une nouvelle heuristique pour le calcul de solutions approchées au problème de l'arbre couvrant de distance moyenne minimale des graphes homogènes. Cette heuristique n'est utilisable que pour les graphes dont les permutations des voisins de chaque sommet sont soient équivalentes soient en nombre limité. Appliquée à l'hypercube l'heuristique retourne l'arbre binomial et appliquée au tore elle retourne le peigne. Pour les graphes non homogènes et pour les graphes homogènes sur lesquels l'application de l'algorithme MaximiserSC a une complexité exponentielle, nous proposons d'ajouter aux algorithmes de construction d'arbres de plus courts chemins à partir d'un noyau [3, 6, 13], le critère de maximisation des carrés des tailles des sous-arbres pour améliorer la qualité des solutions obtenues.

Nous avons terminé ce chapitre en indiquant des conditions suivant lesquelles l'une des deux méthodes proposées dans la littérature pour la construction de solutions approchées pour le problème d'arbre couvrant de distance moyenne minimale sur les graphes $K_2 \times G$ est meilleure que l'autre.

Deuxième partie

Dynamique des Opinions dans les Réseaux d'Automates

CHAPITRE QUATRE

INTRODUCTION À LA DYNAMIQUE DES RÉSEAUX D'AUTOMATES

4.1 Réseaux d'automates

Les réseaux d'automates ont été introduits par Ulam, Mc Culloch et Von Neumann pour modéliser les phénomènes physiques et biologiques [35, 36, 37, 38]. Ces réseaux sont des systèmes dynamiques discrets dans le temps et dans l'espace et ils sont définis par un graphe (fini ou non) où chaque nœud prend ses états dans un ensemble fini de valeurs. L'état d'un nœud change en fonction d'une règle de transition qui ne prend en compte que l'état des nœuds voisins.

L'analyse de la dynamique des réseaux d'automates a suscité de nombreuses études. Une des problématiques majeures dans l'étude de ces réseaux consiste à comprendre comment un ensemble d'objets interagissant selon des règles locales déterminées peut engendrer un comportement global, difficile à comprendre au simple vu des règles locales. Diverses approches ont étés utilisées, qui vont des mathématiques purement discrètes à des mathématiques du continu s'inspirant de la physique. Les modes d'itérations les plus généralement considérés pour l'étude de la dynamique des réseaux d'automates sont le mode parallèle (synchrone) et le mode série (séquentiel). Dans le mode parallèle, tous les nœuds évoluent au même top horloge. Dans le mode série par contre qui ne s'applique qu'aux graphes finis, les nœuds évoluent les uns à la suite des autres selon un ordre établi. On retrouve également dans la littérature le mode d'itération bloc série qui correspond à une combinaison des modes synchrone et séquentiel ; tous les nœuds d'un même bloc évoluent parallèlement et les blocs évoluent de façon séquentielle.

Afin de présenter l'état de l'art de la dynamique des opinions et les résultats que nous avons obtenus pour le modèle étudié, nous allons commencer par donner quelques définitions du domaine des systèmes dynamiques discrets. Étant donné un réseau d'automates et partant d'une configuration initiale des états dans le réseau, ceux-ci vont évoluer au cours du temps en fonction des interactions entre automates et fonctions locales de transition. La suite des configurations successives des états du réseau tout au long de ce processus dynamique est appelé trajectoire du système. Nous utiliserons dans la suite le

Introduction à la Dynamique des Réseaux d'Automates

terme trajectoire du réseau pour parler de la trajectoire de la dynamique du réseau d'automates. Dans le cas discret, où l'ensemble des configurations possibles est fini, dans toute trajectoire on va à un moment donné retrouver un état précédemment obtenu ; on dit alors que la trajectoire est entrée dans un cycle appelé attracteur de cette trajectoire. La partie de la trajectoire en dehors du cycle est appelée transitoire et la longueur du transitoire de la trajectoire est le nombre d'états ou de configurations dans cette partie de la trajectoire. Plus formellement, si $\{x(t) = (x_1(t), ..., x_n(t)) : t \geq 0\}$ est la trajectoire d'un réseau de n automates alors il existe deux entiers positifs τ, T tels que $x(t + T) = x(t)$ pour tout $t \geq \tau$. T est la période de la séquence et τ est sa longueur de transitoire. La longueur du transitoire de l'automate est définie comme la plus grande des valeurs des longueurs des transitoires de toutes les séquences. La période d'un attracteur est le nombre d'états qui constituent son cycle ; cette période peut être égale à un (on parle alors de point fixe pour désigner l'attracteur) ou tout autre entier inférieur ou égale au nombre de configurations total du système.

4.1.1 Types de réseaux d'automates

Deux grandes classes de réseaux d'automates ont particulièrement attiré l'attention des chercheurs : les automates cellulaires et les réseaux de neurones. Un automate cellulaire est une classe de système dynamique constituée d'une grille d'une certaine dimension de cellules ou nœuds. A chaque top horloge, une cellule donnée prend un état parmi un certain nombre fini d'états possibles. Cet état est défini par une fonction de transition qui décrit précisément comment une cellule utilise son état actuel et celui des autres automates pour passer à un autre état. Les réseaux de neurones ont été proposés par McCulloch et Pitts[35] comme modèles pour l'étude du cerveau humain. Un réseau de neurones est un réseau d'automates à seuil dans lequel la transmission d'un signal d'un neurone à un autre est un processus qui a pour effet l'augmentation ou la diminution du potentiel électrique du neurone récepteur. Lorsque ce potentiel atteint un certain seuil, une impulsion d'une certaine amplitude est émise ; on dit alors que le neurone est excité.

Les automates cellulaires ont été utilisés comme outils de modélisation pour la compréhension de nombreux phénomènes observés en physique. C'est grâce à un automate cellulaire particulier : le jeu de la vie que ces modèles ont été popularisé. Cet automate a permis de mettre en évidence les propriétés fondamentales des automates cellulaires :

1. le parallélisme : toutes les cellules évoluent simultanément et de manière indépendantes,
2. la localité : le nouvel état d'une cellule ne dépend que de son état actuel et de l'état de son voisinage immédiat,
3. l'homogénéité : les règles de transition sont communes à toutes les cellules.

L'analyse théorique des automates cellulaires s'est essentiellement effectuée à partir d'automates à une dimension c'est-à-dire représenté sur une ligne. Grâce à l'utilisation de la seconde dimension pour représenter le temps, les caractéristiques telles que l'émergence et l'auto-réplication ont pu être étudiées. Il a été montré que l'association de cellules avec des règles de transition simple induisait dans certains cas l'apparition de phénomènes nouveaux et complexes (par exemple les oscillateurs et les planeurs dans le jeu de la vie). Grâce aux travaux de Von Neumann, Moore, Codd et Langton [39, 40], il a été démontré qu'il était possible de construire un automate cellulaire ayant la capacité de se répliquer *comme* les organismes vivants. Wolfram [41] a étudié la complexité des automates cellulaires et a montré que de nombreux automates cellulaires s'intègrent dans quatre classes principales :

1. l'évolution qui conduit à des configurations homogènes
2. l'évolution qui conduit à des structures périodiques
3. l'évolution qui conduit à des configurations chaotiques
4. l'évolution qui conduit à des configuration globales complexes

La dernière classe est composé d'automates étant capables de calculer avec la même puissance qu'un modèle quelconque d'ordinateur.

Un réseau de neurones est un ensemble d'automates interconnectés à travers un graphe pondéré. Les poids des arcs dans le graphe représentent les coefficients d'interaction entre neurones. Les réseaux de neurones se distinguent des autres réseaux d'automates par leur fonction de transition. En effet dans de tels réseaux, chaque automate évalue à chaque étape la somme pondérée (appelée potentiel membranaire) des états des autres automates du réseau. Si ce potentiel est supérieur à un seuil alors l'état de l'automate passe à 1 dans le cas contraire, il passe à 0. Les réseaux de neurones tout comme les automates cellulaires sont capables de simuler une machine de Turing. De plus l'utilisation des réseaux de neurones par Hopfield [42] pour construire des mémoires associatives est à la base d'une grande quantité de travaux qui ont abouti l'utilisation de ces réseaux en intelligence artificielle pour la reconnaissance de patterns et en optimisation combinatoire pour le calcul de solutions approchées.

Une autre classe de réseaux d'automates est celle des automates à fonctions majorité. Ceux-ci ont été proposés pour modéliser les processus d'évolution des opinions dans une population. Dans ce modèle, chaque automate qui représente un individu dans une population adopte à chaque instant l'opinion majoritaire parmi les autres automates auquel il est connecté. Les interactions entre automates sont pondérées par des nombres réels. C'est cette classe d'automates que nous étudions dans cette partie de la thèse.

4.1.2 Dynamique des réseaux d'automates

L'étude de la dynamiques des réseaux d'automates et plus particulièrement des automates à seuils et des automates à fonctions majorité a fait l'objet de nombreuses études qui ont presque toutes considérées une certaine régularité sur les poids des interactions entre automates. Plus précisément, la propriété de symétrie des interactions a largement été étudié et il a été démontré (voir [43] pour les détails) que lorsque cette propriété est vérifiée, les trajectoires des réseaux de neurones et d'automates à fonction majorité convergent vers des points fixes dans le cas de l'itération série et vers des cycles de longueur au plus égales à deux dans le cas de l'itération parallèle. Ces résultats ont été obtenus dans la littérature grâce aux invariants de boucles, c'est-à-dire des fonctions qui évaluent les relations dans un cycle entre les valeurs des états des différentes cellules d'un automate.

Une autre technique inspirée de la physique a été également utilisée dans la littérature pour étudier la dynamique des réseaux d'automates à seuils et à fonction majorité : l'utilisation des fonctions de Lyapunov. Celles-ci sont des fonctions définies sur les configurations d'un système et qui sont décroissantes dans le temps. Lorsqu'une fonction de Lyapunov est définie pour un système dynamique, ce dernier peut alors être vu comme représentant le déplacement d'une particule sur une surface sous l'influence de la gravité (qui tend à attirer la particule vers le bas) et des frottements. Par conséquent, quelque soit le point de départ de la particule, celle-ci va se déplacer en descendant une pente de la surface jusqu'à atteindre un optimum local (un attracteur).

Dans cette partie de la thèse, nous proposons des fonctions de Lyapunov pour les réseaux d'automates à fonction majorité et nous les utilisons pour borner les longueurs des transitoires de l'itération parallèle et de l'itération série. Nous utilisons pour ce faire la même technique qui a permis à Goles et al. [43] de borner le transitoire des réseaux de neurones.

4.2 Dynamique des opinions

Un réseau social est une communauté d'acteurs dans laquelle il existe un lien social qui peut être un lien de parenté, un lien d'amitié, une relation professionnelle, ... Un acteur est une entité sociale atomique (individu, entreprise, ...) ou tout regroupement d'entités atomiques. Chaque acteur est lié aux acteurs de la communauté en fonction des affinités par rapport au lien social qui caractérise le réseau. Ce lien social peut être une relation réciproque (par exemple *être membre de la même famille*) ou non (*connaître quelqu'un*). En plus, à un lien social entre deux acteurs, peut être associée une valeur représentant l'importance de la relation. Par exemple dans un réseau social d'amitié, des nombres réels peuvent être associés à chaque relation pour matérialiser la force de celle-ci. Récemment, le concept de réseau social a été intégré à de nombreux sites web, créant ainsi les réseaux sociaux en ligne dont la popularité croît de manière significative. Ce derniers s'appuient sur des applications Internet pour relier des acteurs.

En Informatique, l'étude des réseaux sociaux s'articule principalement autour des deux axes que sont l'analyse de leur structure et l'étude de processus de communication (formation des opinions, routage, ...) sur ceux-ci. L'analyse de la structure des réseaux sociaux a pour but d'identifier leurs propriétés et de comprendre les mécanismes de leur formation et de leur évolution. Par contre, l'étude des processus de communication dans les réseaux sociaux vise à identifier les causes et les conséquences de leurs propriétés sur la dynamique des processus étudiés. On s'intéresse par exemple à l'évolution des attitudes dans une population donnée par rapport à une élection, à des choix de consommation, ...

Les études sur les réseaux sociaux utilisent entre autres la modélisation de ceux-ci par des graphes, ce qui permet d'exploiter tous les outils de la théorie des graphes pour mieux appréhender les propriétés structurelles des réseaux étudiés. Cette approche est celle que nous adoptons dans cette thèse pour l'étude la dynamique des opinions dans un réseau social.

La plupart des systèmes sociaux sont composés d'un grand nombre d'éléments qui interagissent de manière assez complexe. L'une des formes que prend cette interaction est la transmission d'information entre un élément et les autres éléments du système. Entre les individus constituant une population donnée dans un système social, la transmission de l'information est à la base de la formation des opinions et de leur dynamique. En effet, lorsqu'un individu dans la population reçoit des informations des autres individus du système, il met à jour son opinion sur un sujet en s'alignant sur les opinions des autres ou en construisant une opinion propre sur la base des informations reçues. La dynamique engendrée par ce processus de mise à jour d'opinions dans une population peut conduire à des configurations particulières des opinions au sein de la population.

Le problème de la formation d'opinions a attiré l'attention de plusieurs groupes de chercheurs qui ont adopté plusieurs approches pour l'étudier [44, 45, 46, 47, 48]. Dans la plupart de ces approches, l'opinion d'un individu est modélisée comme un nombre réel (généralement appartenant à l'intervalle $[0,1]$ ou $[-1,+1]$) contrairement au cas plus restrictif, mais pas moins riche, dans lequel l'opinion d'un individu est une valeur entière. On parle alors dans ce dernier cas de modèle binaire de dynamique d'opinions. C'est ce modèle que nous étudions dans cette partie de la thèse.

Il a été démontré ([44, 45, 46, 47, 48]) que la dynamique engendrée par la mise-à-jour des opinions dans une population converge en général vers des situations de consensus où toute la population adopte une opinion ou des situations de polarisation où la population est scindée en deux parties, les membres de chaque partie partageant la même opinion ou plus généralement à des situations de fragmentation où la population est divisée en plusieurs groupes d'individus partageant la même opinion. L'émergence de ces situations est due aux interactions locales entre membres dans le processus de mise à jour des opinions. Dans certains modèles, comme celui étudié par Hegselmann et Krause [46], à chaque pas d'itération, un individu a accès aux opinions de tous les autres membres de la population. Dans d'autres cas par contre ([44] par exemple), à chaque pas, deux individus choisis aléatoirement interagissent. Ces deux modes de communication peuvent être considérés comme des extrêmes tant pour le pas d'itération que pour la manière dont un individu a accès aux opinions des autres membres de la population. Nous considérons dans notre étude deux modes d'itération, l'itération parallèle dans laquelle à chaque pas tous les individus mettent à jour leurs opinions simultanément et l'itération série pour laquelle un ordre est défini sur les individus et suivant cet ordre un seul individu met à jour son opinion au cours d'un pas d'itération. En plus, nous considérons un réseau social représenté par un graphe dans lequel les sommets correspondent aux acteurs et les arêtes aux relations sociales entre acteurs. Considérer un tel graphe est plus général que d'utiliser une grille à une ou deux dimensions comme dans le modèle étudié par Sznajd-Weron et Sznajd [47]. Nous supposons en plus que les liaisons sociales restent inchangées tout au long de la vie du système. Cette restriction se justifie par le fait que dans certaines applications de la dynamique des opinions (lorsque des choix doivent être faits dans un temps très court par exemple), la durée de la phase pendant laquelle la population est soumise à la mise-à-jour des opinions est relativement faible par rapport à dynamique des liens sociaux.

Étant donné une population d'individus constituant un réseau social et partant d'une configuration initiale des opinions dans cette population, les opinions vont évoluer au cours du temps en fonction des interactions entre individus et des règles de mise-à-jour des opinions jusqu'à atteindre un état d'équilibre. Les points fixes dans le cas particulier de la dynamique des opinions correspondent à des situations dans lesquelles chaque individu dans la population a adopté une opinion qui ne changera plus dans le temps. Les cycles de longueurs supérieures à un constituent par contre des situations dans lesquelles les opinions de certains individus (peut être toute la population) changent mais au bout d'un certain temps on retrouve la même configuration des opinions dans la population. Le cas où cette longueur est égale à deux est un cas particulier que nous appelons état ambivalent car dans ce cas, pendant que certains individus gardent inchangée leur opinion, d'autres oscillent continuellement entre deux opinions.

Nous présentons dans cette partie de la thèse les résultats que nous avons obtenus pour l'étude de la convergence d'un modèle de dynamique d'opinions binaires, le modèle des réseaux d'automates à fonctions majorité. Le but de cette étude est de déterminer le comportement à l'équilibre d'un réseau social dans lequel la fonction majorité est utilisée pour la mise à jour des opinions. Nous nous sommes également intéressés au temps mis par le système pour atteindre un état d'équilibre. La problématique de la nature des cycles dans les systèmes de dynamique d'opinions a été étudié par plusieurs auteurs pour les modèles d'opinion continue (voir par exemple [49]) ou discrète. L'objectif principal de ces études a généralement été d'exhiber les conditions nécessaires et suffisantes pour que la configuration de la population converge vers un état de consensus ou de polarisation. Nous allons présenter dans les deux prochaines sections, les modèles de dynamique d'opinions ainsi que les résultats les plus importants obtenus par les études menées sur ces modèles.

4.2.1 Modèles de dynamique d'opinions

Les modèles de dynamique d'opinions proposés dans la littérature peuvent être classifiés en fonction de la manière dont le temps est considéré (continu ou discret), en fonction de la nature des variables représentant une opinion (variables discrètes ou continues) et de la nature du voisinage d'un individu dans la population (graphe régulier complet ou non ou graphe aléatoire). A ces éléments viennent s'ajouter le mode d'itération du système et les fonctions locales de transition. Tandis que le mode d'itération indique quels sont les individus qui à chaque top horloge mettent à jour leur opinion, les fonctions locales de transition définissent pour un individu donné comment les opinions des autres individus sont utilisés pour mettre à jour sa propre opinion. Mentionnons que certains modèles [50] ne font pas usage de ses fonctions et utilisent plutôt des variables aléatoires associées à des groupes d'individus dans la population pour suivre l'évolution des opinions.

DeGroot a proposé dans [51] un modèle pour étudier le processus de prise de décision dans un comité d'experts sur un sujet donné. Chaque expert i a une opinion $x_i(t)$ par rapport au sujet de décision et attribue un poids a_{ij} à l'opinion de l'expert j. A chaque pas d'itération, tous les individus de la population mettent à jour de manière simultanée leurs opinions qui est alors calculée comme la moyenne pondéré des opinions, à l'itération précédente, des autres individus. Ce modèle est basé sur un processus de Markov car la matrice des poids entre opinions est une matrice stochastique A d'ordre n (la taille de la population). Si $x(t) = (x_1(t), x_2(t), \ldots, x_n(t))$ représente l'état du système à l'instant t, c'est-à-dire que l'individu $i \in I = \{1, ..., n\}$ a adopté l'opinion $x_i(t) \in [0, 1]$ à l'instant t alors l'équation de mise-à-jour des opinions s'écrit :

$$x(t+1) = A\, x(t) \quad \text{pour } t \geq 0 \qquad (4.1)$$

Une variante du modèle de DeGroot a été proposée dans [52] par Friedkin et Johnsen pour étudier la susceptibilité des individus dans une population face aux relations inter-personnelle. Friedkin et Johnsen ont en effet ajouté au modèle de DeGroot un paramètre appelé susceptibilité qui permet à un individu dans la population de toujours prendre en compte sa toute première opinion au moment de mettre à jour son point de vue sur un sujet. Formellement, si l'on note par G la matrice diagonale des susceptibilités $g_i \in [0, 1]$ et par I la matrice identité alors l'équation de mise-à-jour des opinions s'écrit :

$$x(t+1) = G\, x(0) + (I - G)(A\, x(i)) \quad \text{pour } t \geq 0 \qquad (4.2)$$

Les deux modèles précédents sont linéaires et donc faciles à étudier analytiquement contrairement aux modèles non-linéaires pour lesquels la simulation est le principal outil d'analyse. Les modèles non-linéaires étudiés dans la littérature sont généralement des modèles pour lesquels la matrice des poids change avec le temps. On peut citer parmi ces modèles le modèle à temps variant et le modèle à confiance limitée [53, 54]. Dans le modèle à temps variant proposé par Krause [54], au lieu de considérer une seule matrice de poids comme dans les modèles de DeGroot et de Friedkin et Johnsen, les individus sont autorisés à modifier au fil des itérations les poids qu'ils assignent aux opinions des autres individus. Ce processus, appelé par certains auteurs apprentissage, permet de généraliser le modèle de DeGroot et permet de modéliser de nombreuses situations rencontrées en pratique. L'équation caractérisant la dynamique dans ce modèle s'écrit comme suit :

$$x(t+1) = A(t)\, x(t) \quad \text{pour } t \geq 0 \qquad (4.3)$$

Dans le modèle à confiance limitée [53] les poids varient également dans le temps mais à la différence du modèle de Krause, pour un individu donné, les poids des influences des opinions des autres individus varient en fonction du nombre d'individus dont les opinions sont au plus éloignées de l'opinion de l'individu cible d'un certaine valeur ϵ. Plus formellement si l'on note par $I(i, x(t))$ l'ensemble $\{j \in \{1, ..., n\}, |x_i(t) - x_j(t)| \leq \epsilon\}$ alors les poids sont fixés comme suit : pour tout $j \in I(i, x(t))$, $a_{ij}(t) = |I(i, x(t))|^{-1}$ et $a_{ij}(t) = 0$ pour tout $j \notin I(i, x(t))$. L'équation de mise-à-jour des opinions s'écrit alors :

$$x_i(t+1) = |I(i, x(t))|^{-1} \sum_{j \in I(i, x(t))} x_j(t) \quad \text{pour } t \geq 0 \qquad (4.4)$$

car chaque individu adopte l'opinion moyenne des individus qui influencent son opinion et dont les opinions à l'étape précédente ne sont pas très éloignées de la sienne.

Contrairement aux modèles présentés ci-dessus, notre étude a porté sur un modèle à opinion binaire. Cette classe de modèles a également été étudiée théoriquement et grâce à des simulations par de nombreux groupes de chercheurs [55, 56, 57, 47]. Latané et Nowak [57] ont proposé un modèle de dynamique d'opinion binaire utilisant les automates cellulaires. Latané et Nowak [57] ont introduit dans leur modèle, dans lequel chaque individu peut adopter une opinion parmi deux opinions opposées, deux paramètres : le degré de persuasion et le degré de support qui décrivent respectivement le degré d'influence entre des individus ayant des opinions opposées ou partageant la même opinion. En plus de ces paramètres, le modèle de Latané et Nowak introduit une notion sociologique importante dans la dynamique des opinions : l'impact social. Il s'agit de la mesure de la somme des influences que subit un individu donné dans la population.

Une autre classe de modèles de dynamique d'opinions binaires qui utilise les graphes réguliers comme support de la relation sociale entre les individus d'une population a été proposé par Sznajd [47]. Dans le premier modèle de Sznajd les individus constituant la population sont organisés en une grille de dimension un et seuls deux opinions sont présentes dans le système. La fonction de transition pour la mise-à-jour des opinions est la suivante : si deux cellules voisines dans la grille ont la même opinion alors leurs deux cellules les plus proches adoptent leurs opinions. Dans le cas contraire, le voisin le plus proche de chaque cellule adopte l'opinion contraire à celle de son voisin. Des modifications ont été apportées à ce modèle de base pour dériver de nouveaux modèles plus complexes qui ont été appliqués à des problèmes de marketing et de finance [58].

Comme autre classe importante de modèles de dynamique d'opinions binaires, nous pouvons citer les modèles de Galam [50]. Ces modèles ont été proposés par Galam dans [55] qui a alors utilisé la physique statistique pour étudier la dynamique dans les processus d'élections. Dans le premier modèle de Galam, chaque individu participant à une élection a une opinion appartenant à un ensemble fini d'opinions. La population est scindée de manière aléatoire en plusieurs groupes et chacun de ces groupes doit choisir un représentant en utilisant la règle de la majorité. Les représentants ainsi choisis vont alors constituer une nouvelle population de niveau supérieur à laquelle les mêmes règles d'élection seront appliquées et ainsi de suite jusqu'à ce qu'on se retrouve avec un seul représentant.

On remarque que la plupart des modèles de dynamique d'opinion binaire considèrent une population dans laquelle seules deux opinions existent. En plus le graphe définissant les relations sociales entre individus dans la population est en général un graphe régulier (une grille [57, 47] ou un graphe complet [55]). Ces remarques sont également valables pour les modèles où l'opinion est une variable continue. On remarque en plus que les modes d'itération sont en général le mode synchrone parallèle et le mode d'itération asynchrone. Dans quelques cas, l'apprentissage est considéré pour rapprocher le modèle de la réalité des applications qu'ils modélisent.

4.2.2 Principaux résultats sur la dynamique des opinions

Le principal résultat obtenu dans l'étude du modèle de DeGroot [51] porte sur les conditions d'obtention d'un consensus entre les experts constituant la population. De-Groot montre que les experts arrivent à un consensus si et seulement si deux experts quelconques attribuent un poids positif à l'opinion d'un troisième expert. Dans les autres cas, si le comité des experts peut être partitionné en plusieurs sous-groupes connexes, c'est-à-dire dans lesquels un expert assigne des poids non nuls seulement aux autres experts faisant partie de son sous-groupe, et si les matrices des poids des différents sous-groupes sont primitives alors à l'équilibre les opinions seront fragmentées ; tous les membres d'un sous-groupe partageant la même opinion. Ces résultats s'expriment formellement ainsi qu'il suit :

Théorème 4.1. ([51])*Soit A la matrice des poids des influences entre opinions des individus dans la population. Si pour toutes paires d'individus $\{i, j\}$ il existe un autre individu k tel que $a_{ik} > 0$ et $a_{jk} > 0$ alors le système va converger vers un état de consensus.*

Théorème 4.2. ([59])*S'il existe un entier n tel que tous les éléments d'au moins une colonne de la matrice A^n soient positifs alors un consensus sera atteint.*

Dans le modèle de Friedkin et Johnsen [52], les situations de consensus sont obtenues dans des cas très particuliers de configurations de la matrice des poids. En effet, Friedkin et Johnsen montrent dans [52] qu'à l'équilibre, la configuration des opinions dans la population est donnée par $(I - (I - G)A)^{-1} G\, x(0)$ et qu'un consensus est obtenu si et seulement si initialement (à $t = 0$) il existe un consensus entre les individus ayant une susceptibilité strictement positive. Friedkin et Johnsen [52] démontrent les résultats suivants :

Théorème 4.3. ([52]) *Si $G \neq 0$ et A est une matrice irréductible alors quelque soit la configuration initiale $x(0) \in \mathbb{R}^n$ des opinions dans la population, un consensus sera atteint et celui-ci est identifié par $(I - (I - G)A)^{-1} G\, x(0)$.*

Théorème 4.4. ([52])*L'opinion de tous les individus sera égale à c à un instant donné si et seulement si $x_i(0) = c$ pour tout les individus i tels que $g_i > 0$.*

Contrairement au modèle de DeGroot et au modèle de Friedkin et Johnsen, peu de résultats analytiques ont été obtenus pour les modèles non-linéaires et particulièrement le modèle à temps variant. Le résultat majeur obtenu pour ce modèle stipule que l'obtention d'un consensus à l'équilibre dépend de la vitesse avec laquelle les poids varient ; si en particulier ces poids tendent très vite vers zéro alors la probabilité d'obtenir un consensus diminue considérablement. Pour plus de détails sur les résultats du modèle à temps variant, se référer à [60, 61, 62].

Les résultats obtenus pour des petites tailles de populations montrent que pour le modèle à confiance limitée, la convergence vers une situation de consensus est liée à la notion de ϵ-profile ; il s'agit de configurations d'opinions pour lesquelles il existe une permutation des opinions telle que la différence entre deux opinions de rangs voisins

Introduction à la Dynamique des Réseaux d'Automates

(dans la permutation) soit inférieure au paramètre ϵ du modèle. La difficulté de l'étude analytique de ce modèle a conduit les chercheurs à procéder par simulations (voir [46]) pour en comprendre le fonctionnement.

Grâce aux simulations, l'apprentissage a récemment été étudié par Golub et Jackson [63] pour un modèle étendu du modèle de DeGroot [51]. Golub et Jackson ont identifié des conditions nécessaires et suffisantes pour que la configuration des opinions dans une population atteigne un point d'équilibre. Ils définissent le concept de *sagesse d'une population* et l'utilisent pour donner les conditions dans lesquelles un consensus serait obtenu à l'équilibre. Plus précisément, ils montrent qu'un consensus sera atteint dans une population constituée d'individus qui communiquent et partagent leurs opinions afin d'obtenir une information exacte par rapport à un sujet si et seulement si la population est sage, c'est-à-dire que l'influence des opinions des individus les plus influents s'estompe progressivement avec le temps.

C'est également grâce à de nombreuses simulations que le modèle de Latané et Nowak [57] a été bien étudié. Les phénomènes les plus importants observés pour ce modèle sont la polarisation et l'organisation en clusters des opinions à l'équilibre lorsque la population est fermée ; c'est-à-dire lorsqu'aucun bruit n'est autorisé. Il a également été observé que ce modèle est assez sensible aux bruits car lorsque ceux-ci sont introduits dans le système à l'équilibre, les clusters sont modifiés et le système converge après un temps relativement long vers un autre point d'équilibre avec une nouvelle organisation en clusters. Dans [56], le modèle de Latané et Nowak et plus particulièrement le concept d'impact social est repris par Hoylst et al. et étudié en utilisant la physique statistique. Ils obtiennent alors des résultats similaires à ceux obtenus dans [57] mais en plus, ils identifient les conséquences de la présence et de la position d'un leader dans la population sur la répartition des opinions à l'équilibre.

La physique statistique est également l'outil utilisé par Galam [50] pour l'étude des modèles de dynamique d'opinions qu'il propose. Les principaux résultats qu'il obtient sont en rapport avec l'existence de seuils sur la proportion de population partageant une certaine opinion à partir desquels un vote démocratique peut engendrer un régime dans lequel une minorité d'individus arrive à imposer leur opinion.

Les résultats obtenus dans la littérature portent en général sur la distribution des opinions dans la population à l'équilibre. En effet d'une part les recherches ont été menées pour identifier les conditions nécessaires et suffisantes pour que la population converge vers un état d'équilibre avec un consensus, une polarisation des opinions ou plus généralement une fragmentation. D'autre part certains travaux se sont intéressés à la distribution spatiale des opinions dans la population à l'équilibre notamment en cas de fragmentation. La formation de clusters a ainsi pu être expliquée dans certains cas.

Dans le Chapitre 5, nous présentons les réseaux d'automates à fonction majorité et nous étudions les longueurs des transitoires et des cycles lorsqu'une certaine régularité sur les poids des influences entre opinions est imposée. Nous montrons que dans certains cas, l'équilibre n'est pas un point fixe.

Chapitre Cinq

Dynamique des Réseaux d'Automates à Fonction Majorité

5.1 Présentation du modèle

Considérons une population composée d'acteurs sociaux qui interagissent dans le but de se faire une opinion par rapport à un sujet. Le nombre de choix possible étant en général fini, chaque individu doit faire à un moment donné un choix précis qui est fonction de l'utilité ou de l'importance qu'il accorde aux différents choix. Cette situation peut être représentée par le modèle que nous étudions dans ce chapitre et que nous appelons *modèle majorité*. Ce dernier correspond à un réseau d'automates à fonction majorité. Ce modèle peut s'appliquer à de nombreux exemples de processus de dynamique d'opinions discrètes.

Dans [46], Hegselmann et Krause font la remarque suivante :

> "*en général, un agent ne partage pas simplement ou alors n'est pas simplement en désaccord avec l'opinion d'un autre agent, mais prend en compte, avec un certain degré, l'opinion des autres agents pour se faire une opinion propre. Ceci peut être modélisé par des pondérations que chaque agent place sur l'opinion des autres agents*"

Cette assertion justifie la définition de valeurs réelles représentant les influences des opinions des individus dans le réseau social. A cause des antécédents dans les relations sociales entre individus, chacun assignera un certain poids à l'influence du choix d'un autre membre sur son propre choix. Par exemple, un individu i qui ne connaît pas l'individu j ou alors qui n'est en aucun cas influencé par les choix de j assignera la valeur 0 comme poids de l'opinion de j ; si par contre i a confiance en j ou alors veut imiter j alors ce poids sera fixé à un réel positif proportionnel au degré de confiance. Si i ne souhaite pas faire les même choix que j ou alors n'a pas confiance en j, il assignera un réel négatif comme poids de l'opinion de j. En particulier, i peut assigner à sa propre opinion la valeur 0 ; ceci signifie qu'il est entièrement sous l'influence des autres individus de la population. Il peut assigner une valeur positive à sa propre opinion ; il a dans ce cas une certaine confiance en lui même et enfin il peut assigner une valeur négative à sa propre opinion ; il n'a alors pas confiance en ses choix antérieurs.

Dans le modèle majorité, un réel représentant l'impact social d'une opinion est associé à chaque choix. Cet impact social peut par exemple représenter la force de la publicité effectué pour un produit ou de la campagne pour un candidat à une élection ou encore l'importance sociale de l'opinion. A chaque pas d'itération, chaque individu dans la population évalue la pression sociale qu'il subit des différentes opinions possibles et adopte celle dont la pression est maximale. La pression sociale d'une opinion pour un individu donné est définie comme la somme des poids des influences (sur l'individu cible) des individus constituant la population qui ont adopté cette opinion à l'itération précédente ; cette somme étant pondéré par l'impact social de l'opinion. Pour chaque individu dans la population, un autre paramètre est défini dans le modèle pour le cas où plusieurs opinions auraient la même pression sociale. Ce paramètre, appelé hiérarchie locale, est utilisé dans ce cas pour choisir de manière déterministe une opinion.

Formellement, considérons une population constituée de n individus notée $I = \{1, ..., n\}$ et soit $Q = \{1, ..., p\}$ l'ensemble des opinions. Nous notons par :

- $\alpha(k)$ l'impact social de l'opinion k, $\alpha(k) \in \mathbb{R}$,
- a_{ij} le poids de l'influence de l'opinion de l'individu j sur l'opinion de l'individu i ; lorsque $a_{ij} > 0$ on parlera d'amitié et ceci implique l'imitation. Lorsque $a_{ij} = 0$ on parlera d'indifférence et lorsque $a_{ij} < 0$ on parlera d'inimitié et ceci implique la différentiation ;
- σ_i une permutation des éléments de I qui représente la hiérarchie locale adoptée par l'individu i par rapport aux différentes opinions : $\sigma_i(k) > \sigma_i(k')$ signifie que l'individu i de la population préfère l'opinion k à l'opinion k'.

Soit $x = (x_1, x_2, \ldots, x_n)$ la configuration (ou l'état) de la population à l'instant t, c'est-à-dire que l'individu i de la population a adopté l'opinion $x_i \in Q$. Par rapport à une opinion $k \in Q$, l'individu i est sujet à une influence dont le poids total est $\alpha(k) \sum_{x_j = k} a_{ij}$; il s'agit de la pression sociale de l'opinion k sur l'individu i. A l'instant $t + 1$, l'individu i sélectionne l'opinion dont la hiérarchie est maximale parmi les opinions ayant une pression sociale maximale ; ceci est défini par la fonction suivante :

$$\phi : \{1, 2, \ldots, p\}^n \to \{1, 2, \ldots, p\}^n$$
$$x = (x_1, x_2, \ldots, x_n) \mapsto (\phi_1(x), \phi_2(x), \ldots, \phi_n(x)) \quad (5.1)$$

qui dans le cas de l'itération parallèle correspond pour tout $i \in \{1, ..., n\}$ à

$$\phi_i(x) = k \Leftrightarrow \forall r \in Q, \begin{cases} \alpha(k) \sum_{x_j = k} a_{ij} \geq \alpha(r) \sum_{x_j = r} a_{ij}, & \text{si } \sigma_i(k) > \sigma_i(r) \\ \alpha(k) \sum_{x_j = k} a_{ij} > \alpha(r) \sum_{x_j = r} a_{ij}, & \text{si } \sigma_i(k) < \sigma_i(r) \end{cases} \quad (5.2)$$

D'après cette définition, l'opinion prise par un individu à l'instant $t + 1$ peut être une opinion qu'aucun des autres individus dans le réseau social n'a adopté à l'instant t. En effet si l'on considère un individu i, une telle situation peut par exemple survenir si $\forall k \in Q$, $\forall j \in I$ $\alpha(k) a_{ij} < 0$ et il existe une opinion qu'aucun des individus qui influencent le choix de i n'a adopté à l'étape précédente. La pression sociale de cette opinion sera alors nulle et puisque i adoptera l'opinion dont la hiérarchie locale est maximale parmi les opinions ayant la pression sociale est maximale, i adoptera une opinion dont la pression sociale est nulle. Le modèle majorité est par conséquent plus général que le modèle qui restreint le choix d'un individu à l'opinion majoritaire parmi les individus dont il subit l'influence.

Une autre méthode de mise-à-jour est définie par la règle suivante : à l'instant $t+1$; i sélectionne l'opinion dont la hiérarchie locale est maximale parmi les opinions ayant une pression sociale minimale. Formellement

$$\psi : \{1, 2, \ldots, p\}^n \to \{1, 2, \ldots, p\}^n$$
$$x = (x_1, x_2, \ldots, x_n) \mapsto (\psi_1(x), \psi_2(x), \ldots, \psi_n(x)) \tag{5.3}$$

où ψ_i est définie comme suit

$$\psi_i(x) = k \Leftrightarrow \forall r \in Q, \begin{cases} \alpha(k) \sum_{x_j=k} a_{ij} \leq \alpha(r) \sum_{x_j=r} a_{ij}, & \text{si } \sigma_i(k) > \sigma_i(r) \\ \alpha(k) \sum_{x_j=k} a_{ij} < \alpha(r) \sum_{x_j=r} a_{ij}, & \text{si } \sigma_i(k) < \sigma_i(r) \end{cases} \tag{5.4}$$

Les fonctions ψ_i sont appelées fonctions minorité ou anti-majorité tandis que les fonctions ϕ_i sont des fonctions majorité. Soit $A = (a_{ij} : 1 \leq i, j \leq n)$ la matrice des poids des influences des opinions (ou matrice d'interactions), $\alpha = (\alpha(1), ..., \alpha(p))$ le vecteur des impacts sociaux des opinions et la matrice $\sigma = (\sigma_i(k) : 1 \leq i \leq n$ et $1 \leq k \leq p)$ des hiérarchies locales des opinions ; le réseau d'automates dont les paramètres sont $(I, Q, A, \alpha, \sigma, \phi)$ (resp. $(I, Q, A, \alpha, \sigma, \psi)$) est appelé automate majorité (resp. anti-majorité). Nous montrons dans la suite que pour tout automate minorité, il existe un automate majorité équivalent.

Pour les simulations, il est important de noter que pour tout automate majorité il existe un automate majorité équivalent dont la matrice d'interaction A et le vecteur des poids des opinions $(\alpha(k) : k \in Q)$ sont tels que $\forall i, j \in \{1, ..., n\}$, $a_{ij} \in [-1, 1]$ et $\forall k \in Q$, $\alpha(k) \in [-1, 1]$. Cet automate majorité est obtenu par normalisation de la matrice d'interaction et du vecteur des poids des opinions.

Pour simplifier l'étude analytique de la dynamique de ces automates, nous considérons une certaine régularité sur les poids d'influence. Précisément nous supposons que la matrice des poids d'influence est quasi-symétrique, c'est-à-dire que $\forall i \in I \, \exists \lambda_i \in \mathbb{R}_+^*$ tel que $\forall j \in I \, \exists \lambda_j \in \mathbb{R}_+^*, \lambda_i a_{ij} = \lambda_j a_{ji}$. Cette propriété nous permet d'étudier une classe de réseau plus importante que celle des réseaux sociaux dans lesquelles les poids des influences des opinions sont symétriques. Si l'on considère par exemple une population dans laquelle initialement les poids des influences sont symétriques, on peut raisonnablement supposer que des évènements peuvent se produire et altérer ces poids. Si ces altérations sont effectuées de telle sorte que pour tout individu $i \in I$ dans la population, les nouveaux poids d'influence sur son opinion des opinions des individus dont il subit l'influence, notés $a'_{ij} : j \in I$, sont proportionnels aux anciennes valeurs $(a_{ij} : j \in I)$ alors les matrices d'interactions obtenues sont quasi-symétriques car $\exists \lambda_i > 0$ tel que $\forall j \in I, a'_{ij} = \lambda_i a_{ij}$. Nous montrons dans les prochaines sections que ce type d'événements bien que modifiant les coefficients d'interactions entre les individus de la population ne modifient pas la dynamique de celle-ci. Par extension, nous appellerons automate majorité quasi-symétrique un automate majorité dont la matrice des poids des influences entre opinions est quasi-symétrique. La propriété de quasi-symétrie a été utilisée dans [64] pour étudier la dynamique des réseaux de neurones.

Notre contribution à l'étude des modèles de dynamique d'opinion peut se résumer ainsi qu'il suit : nous montrons que dans une population fermée dans laquelle les fonctions majorité sont utilisées pour la mise-à-jour des opinions, si les individus itèrent de manière séquentielle alors l'équilibre est un point fixe : chaque individu a adopté une opinion et ne la changera plus. Si par contre la population itère de manière parallèle alors à l'équilibre, soit on obtient un point fixe soit un point d'équilibre ambivalent dans lequel certains individus oscillent entre deux opinions. Nous donnons également une borne précise à la longueur du transitoire dans chaque cas d'itération. Autant connaître la période des attracteurs est important pour la caractérisation de la distribution des opinions à l'équilibre, autant connaître la longueur du transitoire et plus particulièrement son expression en fonction des paramètres du modèle est important pour les simulations et pour l'étude de l'impact des paramètres sur la vitesse de convergence vers les attracteurs.

5.2 Rappels des résultats connus

Goles, Tchuente et Martinez [65, 43, 66] ont étudié les fonctions majorité lorsque la matrice d'interaction (ou des poids des influences entre opinions) est symétrique c'est-à-dire $a_{ij} = a_{ji}$ pour $i, j \in \{1, 2, \ldots, n\}$. Ils ont notamment étudié la séquence des configurations engendrées par l'itération de la fonction ϕ définie ainsi qu'il suit :

$$x(0) \in \{1, 2, \ldots, p\}^n, \quad x(t+1) = \phi(x(t)) \text{ pour } t \geq 0$$

Tout $x_i(t)$; $i = 1, 2, \ldots, n$ peut être décomposé et identifié par le vecteur

$$(x_i^1(t), x_i^2(t), \ldots, x_i^p(t)) \text{ où } x_i^k(t) = \begin{cases} 1 & \text{si } x_i(t) = k \\ 0 & \text{sinon} \end{cases} \quad (5.5)$$

Avec cette notation, l'équation (5.2) peut être réécrite comme suit :

$$x_i^k(t+1) = 1 \Leftrightarrow \forall r \in Q \begin{cases} \alpha(k) \sum_{j \in I} a_{ij} x_j^k(t) \geq \alpha(r) \sum_{j \in I} a_{ij} x_j^r(t) \text{ si } \sigma_i(k) > \sigma_i(r) \\ \alpha(k) \sum_{j \in I} a_{ij} x_j^k(t) > \alpha(r) \sum_{j \in I} a_{ij} x_j^r(t) \text{ si } \sigma_i(k) < \sigma_i(r) \end{cases} \quad (5.6)$$

Puisque l'ensemble $\{1, 2, \ldots, p\}^n$ est fini, la séquence $x(t)$ est forcément périodique. De manière indépendante, Poljak et Sura [67] d'une part et Goles et Tchuente [65] d'autre part ont démontré le résultat suivant :

Théorème 5.1. *([67, 65]) Si A est symétrique alors pour tout $x(0) \in \{1, 2, \ldots, p\}^n$ il existe un entier τ tel que pour l'itération parallèle de l'automate majorité*

$$x(t+2) = x(t) \text{ pour tout } t \geq \tau.$$

Remarque 5.1. *La preuve de Poljak et Sura a été établie pour le cas particulier où* $\alpha(k) = 1$ *pour* $k \in \{1, 2, \ldots, p\}$ *et* $\sigma_i = \varepsilon_n$ *pour* $i \in \{1, 2, \ldots, n\}$ (ε_n *représente la permutation identité*).

Le Théorème 5.1 a été démontré dans [65] dans le cas général où σ_i est une permutation quelconque des éléments de l'ensemble $\{1, 2, \ldots, n\}$ et pour $\alpha(k) \in \mathbb{R} \ \forall k \in Q$. Goles et Tchuente [65] ont également étudié l'itération série de l'automate majorité définie par $x(0) \in \{1, \ldots, p\}^n$:

$$x_i(t+1) = \phi_i(x_1(t+1), \ldots, x_{i-1}(t+1), x_i(t), \ldots, x_n(t)) \tag{5.7}$$

et le mode bloc-séquentiel pour lequel une partition ordonnée $\{I_1, \ldots, I_m\}$ de l'ensemble $\{1, \ldots, n\}$ ($m < n$) est donnée. Pour $x(0) \in \{1, \ldots, p\}^n$ la fonction locale de transition est définie dans ce dernier cas par

$$x_i(t+1) = \phi_i(x_1(t'), \ldots, x_n(t')) \tag{5.8}$$

où, si $i \in I_l$ alors $\forall j \in I_{l'}$ tel que $l' < l$, $t' = t+1$ et $\forall j \in I_{l'}$ tel que $l' \geq l$, $t' = t$ ($l, l' \in \{1, \ldots, m\}$). Dans [65] les résultats suivants ont été obtenus pour ces deux modes d'itération :

Théorème 5.2. *([65]) Si A est symétrique et $\alpha(k)a_{ii} \geq 0$ pour tout $k \in Q$ et $i \in I$ alors pour tout $x(0) \in \{1, 2, \ldots, p\}^n$ il existe un entier τ tel que pour l'itération séquentiel de l'automate majorité*

$$x(t+1) = x(t) \quad \text{pour tout } t \geq \tau.$$

Théorème 5.3. *([65]) Si A est symétrique et la partition ordonnée $P = \{I_1, \ldots, I_m\}$ est tel que pour chaque sous-ensemble I_l, $\forall i \in I_l, \forall k \in Q$*

$$\alpha(k)a_{ii} \geq |\alpha(k)| \sum_{j \in I_l, j \neq i} |a_{ij}|$$

alors pour tout $x(0) \in \{1, 2, \ldots, p\}^n$ il existe un entier τ tel que pour l'itération bloc-série de l'automate majorité

$$x(t+1) = x(t) \quad \text{pour tout } t \geq \tau.$$

Les résultats précédents sont également valables pour l'automate anti-majorité avec de petits changements sur la matrice d'interaction et le vecteurs des poids des opinions. En effet, la remarque suivante établie l'équivalence entre un automate antimajorité et un automate majorité.

Remarque 5.2. *A partir des définitions des automates majorité et anti-majorité, on vérifie aisément que pour tout automate anti-majorité de matrice d'interaction A et de vecteur des poids des opinions α, l'automate majorité dont la matrice d'interaction est A' et le vecteur des poids des opinions est α' obtenus en prenant $\forall k \in Q \ \forall i, j \in \{1, \ldots, n\}$, $\alpha'(k)a'_{ij} = -\alpha(k)a_{ij}$ décrit le même graphe d'itération que l'automate anti-majorité ; ils sont donc équivalents du point de vue de la dynamique.*

/ Dynamique des Réseaux d'Automates à Fonction Majorité / 85

Les résultats présentés ci-dessus ont été obtenus dans la littérature grâce aux invariants de boucles. Dans les deux prochaines sections, nous donnons une autre preuve des Théorèmes 5.1 et 5.2 en utilisant des fonctions de Lyapunov. Les fonctions de Lyapunov que nous définissons en plus de nous permettre de retrouver les Théorèmes 5.1 et 5.2 nous permettent de borner les longueurs des transitoires de l'itération parallèle et de l'itération série. Nous donnons donc par ces résultats une idée sur la valeur de l'entier τ mentionné dans les Théorèmes 5.1 et 5.2. Notons que ces résultats sont obtenus en considérant la propriété de quasi-symétrie qui peut être interprétée comme une généralisation de la propriété de symétrie.

5.3 Itération parallèle sur réseau quasi-symétrique

Nous considérons dans cette section le mode d'itération qui est par exemple celui appliqué dans une assemblée dans laquelle au cours d'un processus de vote, tous les membres de l'assemblée doivent simultanément exprimer leur choix. Ce mode d'itération appelé mode d'itération synchrone parallèle ou plus simplement mode d'itération parallèle peut également s'appliquer aux processus pour lesquels la durée d'un pas d'itération est relativement longue et l'on peut donc considérer que chaque individu a eu le temps de mettre à jour son opinion.

Soit le vecteur $\lambda = (\lambda_i : i \in I)$ tel que $\forall i \in I$, $\lambda_i > 0$. Considérons l'itération parallèle de l'automate majorité défini par l'équation (5.2); nous supposons que, $\forall i \in I$, $(a_{i1}, ..., a_{in}) \neq \bar{0}$; c'est-à-dire que chaque individu subit l'influence de l'opinion d'au moins un individu (qui peut être lui même) dans la population. Nous considérons les nombres réels positifs ξ_i, pour $i = 1, ..., n$, définis comme suit :

$$\xi_i = min\left\{\left|\alpha(k)\sum_{j \in I}\lambda_i a_{ij} u_j - \alpha(k')\sum_{j \in I}\lambda_i a_{ij} u'_j\right| \in \mathbb{R}^*_+; u, u' \in \{0,1\}^n \text{ et } k, k' \in Q\right\} \quad (5.9)$$

A partir des ξ_i nous allons définir d'autres nombres que nous utiliserons pour obtenir la décroissance stricte des fonctions que nous proposerons par la suite. Pour chaque ξ_i, soit η_i un réel positif vérifiant :

$$\frac{p-1}{\eta_i} < \xi_i \quad (5.10)$$

Soit $\{x(t) : t \geq 0\}$ la trajectoire de l'automate majorité itérant en parallèle. Nous définissons la fonction suivante pour $t \geq 1$:

$$E_{par}(x(t)) = -\sum_{i=1}^{n}\sum_{k=1}^{p}\alpha(k)x_i^k(t)\sum_{j=1}^{n}\lambda_i a_{ij}x_j^k(t-1) - \sum_{i=1}^{n}\sum_{k=1}^{p}\frac{\sigma_i(k)}{\eta_i}\left(x_i^k(t) + x_i^k(t-1)\right) \quad (5.11)$$

Remarque 5.3. *La formule explicite de la fonction précédente dépend de $x(t)$ et de $x(t-1)$. Cependant pour ne pas alourdir la présentation des équations, nous l'avons mise sous la forme $E_{par}(x(t))$.*

Dynamique des Réseaux d'Automates à Fonction Majorité   86

Proposition 5.1. *Si la matrice des poids des influences des opinions A est quasi-symétrique, alors la fonction $E_{par}(x(t))$ est une fonction de Lyapunov strictement décroissante pour l'itération parallèle de l'automate majorité.*

Preuve :

Soit $\Delta_t E_{par} = E_{par}(x(t)) - E_{par}(x(t-1))$. Nous avons :

$$\Delta_t E_{par} = -\sum_{i=1}^{n}\sum_{k=1}^{p}\alpha(k)x_i^k(t)\sum_{j=1}^{n}\lambda_i a_{ij}x_j^k(t-1) - \sum_{i=1}^{n}\sum_{k=1}^{p}\frac{\sigma_i(k)}{\eta_i}\left(x_i^k(t) + x_i^k(t-1)\right)$$
$$+ \sum_{i=1}^{n}\sum_{k=1}^{p}\alpha(k)x_i^k(t-1)\sum_{j=1}^{n}\lambda_i a_{ij}x_j^k(t-2) + \sum_{i=1}^{n}\sum_{k=1}^{p}\frac{\sigma_i(k)}{\eta_i}\left(x_i^k(t-1) + x_i^k(t-2)\right)$$

$$= -\sum_{i=1}^{n}\sum_{k=1}^{p}\alpha(k)x_i^k(t)\sum_{j=1}^{n}\lambda_i a_{ij}x_j^k(t-1) + \sum_{i=1}^{n}\sum_{k=1}^{p}\alpha(k)\sum_{j=1}^{n}\lambda_i a_{ij}x_i^k(t-1)x_j^k(t-2)$$
$$- \sum_{i=1}^{n}\sum_{k=1}^{p}\frac{\sigma_i(k)}{\eta_i}\left(x_i^k(t) - x_i^k(t-2)\right)$$

Étant donné que $\sum_{i=1}^{n}\sum_{k=1}^{p}\alpha(k)\sum_{j=1}^{n}\lambda_i a_{ij}x_i^k(t-1)x_j^k(t-2) = \sum_{j=1}^{n}\sum_{k=1}^{p}\alpha(k)\sum_{i=1}^{n}\lambda_j a_{ji}x_j^k(t-1)x_i^k(t-2)$ nous trouvons

$$\Delta_t E_{par} = -\sum_{i=1}^{n}\sum_{k=1}^{p}\alpha(k)x_i^k(t)\sum_{j=1}^{n}\lambda_i a_{ij}x_j^k(t-1) + \sum_{j=1}^{n}\sum_{k=1}^{p}\alpha(k)\sum_{i=1}^{n}\lambda_j a_{ji}x_j^k(t-1)x_i^k(t-2)$$
$$- \sum_{i=1}^{n}\sum_{k=1}^{p}\frac{\sigma_i(k)}{\eta_i}\left(x_i^k(t) - x_i^k(t-2)\right)$$

En utilisant la propriété de quasi-symétrie, nous déduisons

$$\Delta_t E_{par} = -\sum_{i=1}^{n}\sum_{k=1}^{p}\alpha(k)x_i^k(t)\sum_{j=1}^{n}\lambda_i a_{ij}x_j^k(t-1) + \sum_{j=1}^{n}\sum_{k=1}^{p}\alpha(k)\sum_{i=1}^{n}\lambda_i a_{ij}x_j^k(t-1)x_i^k(t-2)$$
$$- \sum_{i=1}^{n}\sum_{k=1}^{p}\frac{\sigma_i(k)}{\eta_i}\left(x_i^k(t) - x_i^k(t-2)\right)$$

Sachant que $\sum_{j=1}^{n}\sum_{k=1}^{p}\alpha(k)\sum_{i=1}^{n}\lambda_i a_{ij}x_j^k(t-1)x_i^k(t-2) = \sum_{i=1}^{n}\sum_{k=1}^{p}\alpha(k)\sum_{j=1}^{n}\lambda_i a_{ij}x_j^k(t-1)x_i^k(t-2)$
nous trouvons

$$\Delta_t E_{par} = -\sum_{i=1}^{n}\sum_{k=1}^{p}\alpha(k)x_i^k(t)\sum_{j=1}^{n}\lambda_i a_{ij}x_j^k(t-1) + \sum_{i=1}^{n}\sum_{k=1}^{p}\alpha(k)\sum_{j=1}^{n}\lambda_i a_{ij}x_j^k(t-1)x_i^k(t-2)$$
$$- \sum_{i=1}^{n}\sum_{k=1}^{p}\frac{\sigma_i(k)}{\eta_i}\left(x_i^k(t) - x_i^k(t-2)\right)$$

$$= -\sum_{i=1}^{n}\sum_{k=1}^{p}\alpha(k)\left(x_i^k(t) - x_i^k(t-2)\right)\sum_{j=1}^{n}\lambda_i a_{ij}x_j^k(t-1) - \sum_{i=1}^{n}\sum_{k=1}^{p}\frac{\sigma_i(k)}{\eta_i}\left(x_i^k(t) - x_i^k(t-2)\right)$$

$$= -\sum_{i=1}^{n}\sum_{k=1}^{p}\left(x_i^k(t) - x_i^k(t-2)\right)\left(\alpha(k)\sum_{j=1}^{n}\lambda_i a_{ij}x_j^k(t-1) + \frac{\sigma_i(k)}{\eta_i}\right)$$

Considérons le i-ème terme de $\Delta_t E_{par}$, c'est-à-dire :

$$(\Delta_t E_{par})_i = -\sum_{k=1}^{p}\left(x_i^k(t) - x_i^k(t-2)\right)\left(\alpha(k)\sum_{j=1}^{n}\lambda_i a_{ij} x_j^k(t-1) + \frac{\sigma_i(k)}{\eta_i}\right) \quad (5.12)$$

Supposons que $\exists q \in Q$ tel que $x_i^q(t) \neq x_i^q(t-2)$. De l'équation (5.5) qui définit la construction du vecteur $(x_i^1(t),...,x_i^p(t))$, nous déduisons que, $\exists! q' \in Q$, $q' \neq q$ tel que $x_i^{q'}(t) \neq x_i^{q'}(t-2)$. Premièrement, supposons que $x_i^q(t) = 1$ et $x_i^q(t-2) = 0$. Ceci implique que $x_i^{q'}(t) = 0$ et $x_i^{q'}(t-2) = 1$, d'où

$$(\Delta_t E_{par})_i = -\alpha(q)\sum_{j=1}^{n}\lambda_i a_{ij} x_j^q(t-1) - \frac{\sigma_i(q)}{\eta_i} + \alpha(q')\sum_{j=1}^{n}\lambda_i a_{ij} x_j^{q'}(t-1) + \frac{\sigma_i(q')}{\eta_i}$$

A partir de l'équation (5.6), $x_i^q(t) = 1 \Rightarrow \alpha(q)\sum_{j=1}^{n}\lambda_i a_{ij} x_j^q(t-1) \geq \alpha(q')\sum_{j=1}^{n}\lambda_i a_{ij} x_j^{q'}(t-1)$.

1. Si $\sigma_i(q) < \sigma_i(q')$ alors $\alpha(q)\sum_{j=1}^{n}\lambda_i a_{ij} x_j^q(t-1) > \alpha(q')\sum_{j=1}^{n}\lambda_i a_{ij} x_j^{q'}(t-1)$ et par conséquent $(\Delta_t E_{par})_i \leq \frac{\sigma_i(q')-\sigma_i(q)}{\eta_i} - \xi_i$. Étant donné que $\sigma_i(q') - \sigma_i(q) \leq p-1$, nous trouvons $(\Delta_t E_{par})_i \leq \frac{p-1}{\eta_i} - \xi_i < 0$.

2. Si $\sigma_i(q) > \sigma_i(q')$ alors on trouve $\alpha(q)\sum_{j=1}^{n}\lambda_i a_{ij} x_j^q(t-1) \geq \alpha(q')\sum_{j=1}^{n}\lambda_i a_{ij} x_j^{q'}(t-1)$.
Si $\alpha(q)\sum_{j=1}^{n}\lambda_i a_{ij} x_j^q(t-1) > \alpha(q')\sum_{j=1}^{n}\lambda_i a_{ij} x_j^{q'}(t-1)$ nous déduisons que $(\Delta_t E_{par})_i \leq \frac{\sigma_i(q')-\sigma_i(q)}{\eta_i} - \xi_i < 0$. Si $\alpha(q)\sum_{j=1}^{n}\lambda_i a_{ij} x_j^q(t-1) = \alpha(q')\sum_{j=1}^{n}\lambda_i a_{ij} x_j^{q'}(t-1)$ alors $(\Delta_t E_{par})_i = \frac{\sigma_i(q')-\sigma_i(q)}{\eta_i} < 0$.

D'autre part, supposons que $x_i^q(t) = 0$ et $x_i^q(t-2) = 1$. On a alors $x_i^{q'}(t) = 1$ et $x_i^{q'}(t-2) = 0$, et par conséquent

$$(\Delta_t E_{par})_i = -\alpha(q')\sum_{j=1}^{n}\lambda_i a_{ij} x_j^{q'}(t-1) - \frac{\sigma_i(q')}{\eta_i} + \alpha(q)\sum_{j=1}^{n}\lambda_i a_{ij} x_j^q(t-1) + \frac{\sigma_i(q)}{\eta_i}$$

En utilisant les mêmes arguments que dans la preuve du cas $x_i^q(t) = 1$ et $x_i^q(t-2) = 0$, nous obtenons $(\Delta_t E_{par})_i < 0$. Nous concluons donc que $(\Delta_t E_{par})_i \leq 0$ et $(\Delta_t E_{par})_i < 0$ si et seulement si $\exists k \in Q$, $x_i^k(t) \neq x_i^k(t-2)$; et par conséquent $\Delta_t E_{par} \leq 0$ et $\Delta_t E_{par} < 0$ si et seulement si $\exists i \in I$, $x_i(t) \neq x_i(t-2)$. $\square$

La variation de E_{par} donne une idée sur la manière avec laquelle le système atteint un attracteur et nous venons de montrer que la fonction E_{par} est strictement décroissante sur le transitoire et constant sur le cycle d'une trajectoire. Nous allons utiliser cette dernière propriété de la fonction de Lyapunov définie par l'équation (5.11) pour généraliser le Théorème 5.1 aux automates majorité parallèles et quasi-symétriques.

Théorème 5.4. *([68]) La période T de l'itération parallèle d'un automate majorité quasi-symétrique vérifie $T|2$.*

Preuve :
Soit $X = (x(0), ..., x(T-1))$ un cycle de période T. Soit $\gamma(X_i)$ la période du cycle de la cellule i et $\gamma(X_i^k)$ la période du cycle du site k de la cellule i. Il est évident que $\forall i \in \{1, ..., n\}$ $\forall k \in \{1, ..., p\}$ $\gamma(X_i^k) | \gamma(X_i)$ et $\gamma(X_i) | T$. A partir de la preuve de la Proposition 5.1 nous trouvons que, $E_{par}(x(0)) = ... = E_{par}(x(T-1))$ si et seulement si $\forall t = 0, ..., T-1$, $x_i^k(t) = x_i^k(t+2)$ pour tout $i = 1, ..., n$ et $k = 1, ..., p$. Ceci implique que $\forall i \in I$, $\forall k \in Q$, $\gamma(X_i^k) | 2$. Par conséquent $T|2$. □

Exemple 5.1. *Considérons l'automate majorité dont les paramètres sont les suivants et qui utilise le mode d'itération parallèle :*

- $I = \{1, 2, 3, 4\}$ *c'est-à-dire que la population est constituée de quatre individus,*

- $A = \begin{pmatrix} 0,00 & 0,14 & 0,19 & 0,74 \\ 0,28 & 0,00 & 0,90 & -1.76 \\ 0,76 & 1,80 & 0,00 & 0,00 \\ 0,74 & -0,88 & 0,00 & 0,00 \end{pmatrix}$

- $Q = \{1, 2, 3\}$ *; les individus doivent choisir entre trois produits,*

- $\alpha = (0,5 \ \ 0,01 \ \ 0,9)$ *; le troisième produit à le plus grand impact social, vient ensuite le premier produit et enfin le troisième avec un impact social relativement faible,*

- $\sigma_1 = (2 \ 1 \ 3)$, $\sigma_2 = (1 \ 3 \ 2)$ $\sigma_3 = (3 \ 1 \ 2)$ *et* $\sigma_4 = (1 \ 2 \ 3)$, *c'est-à-dire que par exemple l'individu identifié par le numéro 1 préfère le produit 3 aux autres et entre les produits 1 et 2, il préfère le produit 1.*

Notons que la matrice des poids des influences entre choix des individus est quasi-symétrique avec $\lambda = (1 \ \ 0,5 \ \ 0,25 \ \ 1)$. Par simulation, nous obtenons le graphe d'itération représenté par la Figure 30 sur laquelle le nombre inscrit à côté d'un sommet représente la configuration (x_1, x_2, x_3, x_4) de la population. On remarque que les configurations de consensus (1111, 2222 and 3333) ne sont pas des attracteurs dans ce cas ; ceci est principalement dû à la présence des influences négatives dans le réseau social. Une autre remarque importante est que le produit 3 est le plus fréquent dans les attracteurs, probablement à cause de son impact social élevé.

Remarque 5.4. *Si la matrice des poids des influences entre opinions A n'est pas quasi-symétrique, on peut obtenir des cycles de périodes supérieures à 2. Si l'on modifie la matrice d'interaction de l'exemple 6.1 en fixant $a_{41} = -0,74$ au lieu de $0,74$, on obtient un nouveau graphe d'itération dans lequel on retrouve le cycle de longueur quatre représenté par la Figure 31(a). Ce phénomène est connu pour d'autres réseaux d'automates, notamment les réseaux de neurones [43].*

Pour borner la longueur du transitoire des automates majorité itérant de manière parallèle, il est plus approprié de travailler avec une autre fonction de Lyapunov dérivée de $E_{par}(x(t))$. Soit la fonction définie par :

Dynamique des Réseaux d'Automates à Fonction Majorité

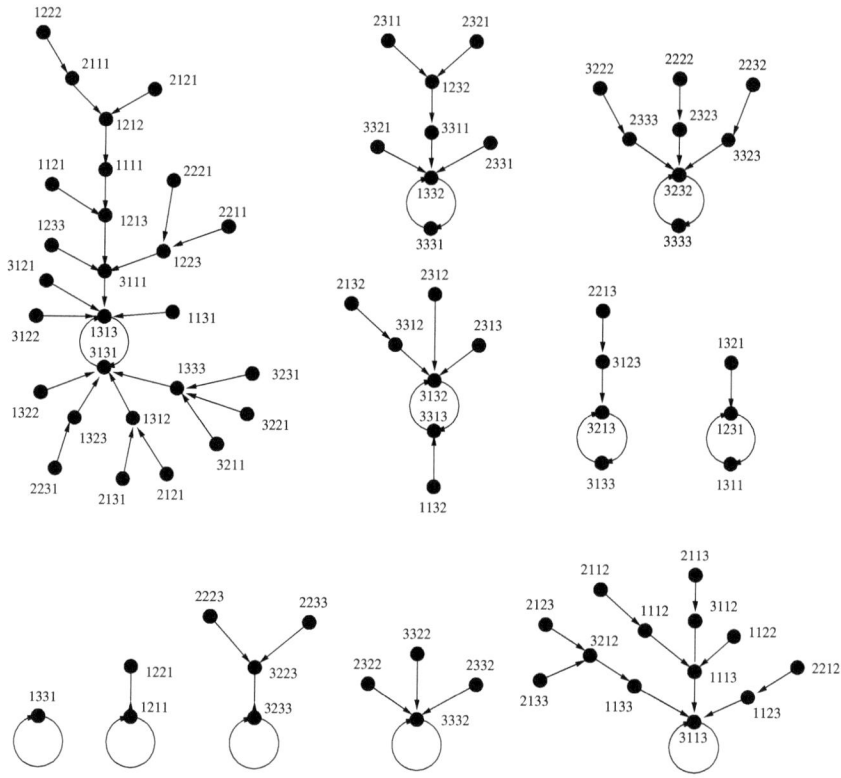

Figure 30 – Graphe d'itération de l'automate majorité parallèle de l'exemple 6.1.

$$E_{par}^{*}\left(x(t)\right) = -\sum_{i=1}^{n}\sum_{k=1}^{p}\alpha(k)\left(2x_{i}^{k}(t)-1\right)\sum_{j=1}^{n}\lambda_{i}a_{ij}\left(2x_{j}^{k}(t-1)-1\right)$$
$$-\sum_{i=1}^{n}\sum_{k=1}^{p}\left(\frac{2\sigma_{i}(k)}{\eta_{i}}+\alpha(k)\sum_{j\in I}\lambda_{i}a_{ij}\right)\left(2x_{i}^{k}(t)-1+2x_{i}^{k}(t-1)-1\right) \quad (5.13)$$

Pour les mêmes raisons qui nous ont poussées à mettre la première fonction sous la forme $E_{par}\left(x(t)\right)$, nous écrivons $E_{par}^{*}\left(x(t)\right)$ au lieu de $E_{par}^{*}\left(x(t), x(t-1)\right)$.

Proposition 5.2. *Si la matrice des poids A est quasi-symétrique, alors la fonction $E_{par}^{*}\left(x(t)\right)$ est une fonction strictement décroissante de Lyapunov pour l'itération parallèle de l'automate majorité.*

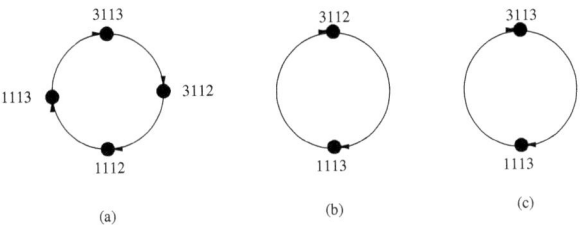

Figure 31 – Quelques cycles obtenus par modification de l'automate majorité parallèle de l'exemple 6.1

Preuve :
Posons $e_i^k = \frac{2\sigma_i(k)}{\eta_i} + \alpha(k)\sum_{j \in I} \lambda_i a_{ij}$ et $z_i^k(t) = 2x_i^k(t) - 1$ pour $i \in I$ et $k \in Q$. Nous avons :

$$E_{par}^*(x(t)) = -\sum_{i=1}^{n}\sum_{k=1}^{p} \alpha(k) z_i^k(t) \sum_{j=1}^{n} \lambda_i a_{ij} z_j^k(t-1) - \sum_{i=1}^{n}\sum_{k=1}^{p} e_i^k \left(z_i^k(t) + z_i^k(t-1)\right) \tag{5.14}$$

De la Proposition 5.1, nous déduisons :

$$\begin{aligned}\Delta_t E_{par}^* &= E_{par}^*(x(t)) - E_{par}^*(x(t-1)) \\ &= -\sum_{i=1}^{n}\sum_{k=1}^{p} \left(z_i^k(t) - z_i^k(t-2)\right)\left(\alpha(k)\sum_{j=1}^{n} \lambda_i a_{ij} z_j^k(t-1) + e_i^k\right)\end{aligned}$$

Par substitution nous obtenons :

$$\begin{aligned}\Delta_t E_{par}^* =\ & -\sum_{i=1}^{n}\sum_{k=1}^{p} \left(2x_i^k(t) - 2x_i^k(t-2)\right)\left(\alpha(k)\sum_{j=1}^{n}\lambda_i a_{ij}\left(2x_j^k(t-1) - 1\right)\right.\\ & \left.+ \left(\frac{2\sigma_i(k)}{\eta_i} + \alpha(k)\sum_{j=1}^{n}\lambda_i a_{ij}\right)\right) \\ =\ & -4\sum_{i=1}^{n}\sum_{k=1}^{p}\left(x_i^k(t) - x_i^k(t-2)\right)\left(\alpha(k)\sum_{j=1}^{n}\lambda_i a_{ij} x_j^k(t-1) + \frac{\sigma_i(k)}{\eta_i}\right)\end{aligned}$$

Par conséquent $\Delta_t E_{par}^* = 4\Delta_t E_{par}$. La Proposition 5.1 permet de conclure. □

Afin de borner la longueur du transitoire, nous allons commencer par borner la nouvelle fonction.

Proposition 5.3. *Soit* $\{x(t) : t \geq 0\}$ *une trajectoire de l'automate majorité itérant de manière parallèle; la fonction* $E^*_{par}(x(t))$ *est bornée par :*

$$E^*_{par}(x(t)) \geq \left(2MIN - \sum_{k=1}^{p} |\alpha(k)|\right) \|\Lambda.A\| + 2p(p-3) \sum_{i=1}^{n} \frac{1}{\eta_i} \quad (5.15)$$

$$E^*_{par}(x(t)) \leq \left(2MAX + \sum_{k=1}^{p} |\alpha(k)|\right) \|\Lambda.A\| + 2(p^2 + p - 4) \sum_{i=1}^{n} \frac{1}{\eta_i} \quad (5.16)$$

où $\|A\| = \sum_{i=1}^{n} \sum_{j=1}^{n} |a_{ij}|$, Λ *est la matrice diagonale des* λ_i ($\Lambda_{ii} = \lambda_i$, $\Lambda_{ij} = 0 \; \forall i \neq j$),

$$MAX = max\left\{max\left\{\sum_{k \neq q} \alpha(k) - \alpha(q) : q \in Q\right\}, max\left\{\sum_{k \notin \{q,q'\}} \alpha(k) : \{q, q'\} \subset Q\right\}\right\} \quad (5.17)$$

et

$$MIN = min\left\{min\left\{\sum_{k \neq q} \alpha(k) - \alpha(q) : q \in Q\right\}, min\left\{\sum_{k \notin \{q,q'\}} \alpha(k) : \{q, q'\} \subset Q\right\}\right\} \quad (5.18)$$

Preuve :

Considérons le i-ème terme de l'équation (5.14), c'est-à-dire :

$$\left(E^*_{par}(x(t))\right)_i = -\sum_{k=1}^{p} \alpha(k)\left(2x_i^k(t) - 1\right) \sum_{j=1}^{n} \lambda_i a_{ij}\left(2x_j^k(t-1) - 1\right)$$
$$-\sum_{k=1}^{p}\left(\frac{2\sigma_i(k)}{\eta_i} + \alpha(k)\sum_{j \in I} \lambda_i a_{ij}\right)\left(2x_i^k(t) - 1 + 2x_i^k(t-1) - 1\right)$$

$\left(E^*_{par}(x(t))\right)_i$ peut être réécrit comme suit :

$$\left(E^*_{par}(x(t))\right)_i = -\sum_{k=1}^{p} \alpha(k)\left(2x_i^k(t) - 1\right) \sum_{j=1}^{n} \lambda_i a_{ij}\left(2x_j^k(t-1) - 1\right)$$
$$-\sum_{k=1}^{p} \frac{2\sigma_i(k)}{\eta_i}\left(2x_i^k(t) - 1 + 2x_i^k(t-1) - 1\right) \quad (5.19)$$
$$-\sum_{k=1}^{p} \alpha(k) \sum_{j \in I} \lambda_i a_{ij}\left(2x_i^k(t) - 1 + 2x_i^k(t-1) - 1\right)$$

Les bornes suivantes sont obtenus pour les différents termes de $\left(E^*_{par}(x(t))\right)_i$:
- pour le premier terme de l'équation (5.19),

$$\left|-\sum_{k=1}^{p} \alpha(k)\left(2x_i^k(t) - 1\right) \sum_{j=1}^{n} \lambda_i a_{ij}\left(2x_j^k(t-1) - 1\right)\right| \leq \lambda_i \sum_{k=1}^{p} |\alpha(k)| \sum_{j=1}^{n} |a_{ij}|$$

- les bornes supérieure et inférieure du second terme de l'équation (5.19) sont obtenues pour les configurations $x_i(t)$ et $x_i(t-1)$ telles que $\exists q \in Q, x_i^q(t) = x_i^q(t-1) = 1$. Avec cette configuration et d'après l'équation (5.5), la borne inférieure est :

$$-\sum_{k=1}^{p} \frac{2\sigma_i(k)}{\eta_i} \left(2x_i^k(t) - 1 + 2x_i^k(t-1) - 1\right) = \frac{2}{\eta_i}\left(-2\sigma_i(q) + 2\sum_{k \neq q}\sigma_i(k)\right)$$

$$= \frac{4}{\eta_i}\left(-\sigma_i(q) + \sum_{k \neq q}\sigma_i(k)\right)$$

$$\geq \frac{4}{\eta_i}\left(-p + \frac{p(p-1)}{2}\right)$$

$$\geq \frac{2p(p-3)}{\eta_i}$$

et la borne supérieure est :

$$-\sum_{k=1}^{p} \frac{2\sigma_i(k)}{\eta_i} \left(2x_i^k(t) - 1 + 2x_i^k(t-1) - 1\right) = \frac{4}{\eta_i}\left(-\sigma_i(q) + \sum_{k \neq q}\sigma_i(k)\right)$$

$$\leq \frac{4}{\eta_i}\left(-1 + \left(\frac{p(p+1)}{2} - 1\right)\right)$$

$$\leq \frac{2(p^2+p-4)}{\eta_i}$$

- pour le troisième terme de l'équation (5.19), si $\exists q \in Q$ tel que $x_i^q(t) = x_i^q(t-1) = 1$; alors

$$-\sum_{k=1}^{p} \alpha(k)\left(2x_i^k(t) - 1 + 2x_i^k(t-1) - 1\right) = 2\left(\sum_{k \neq q}\alpha(k) - \alpha(q)\right)$$

Si par contre $\exists q, q' \in Q$ tel que $q \neq q'$, $x_i^q(t) = 1$ et $x_i^{q'}(t-1) = 1$ (ou $x_i^{q'}(t) = 1$ et $x_i^q(t-1) = 1$) alors $2x_i^q(t) - 1 + 2x_i^q(t-1) - 1 = 0$ et $2x_i^{q'}(t) - 1 + 2x_i^{q'}(t-1) - 1 = 0$. Ceci implique que

$$-\sum_{k=1}^{p} \alpha(k)\left(2x_i^k(t) - 1 + 2x_i^k(t-1) - 1\right) = -\sum_{k \notin \{q,q'\}} \alpha(k)\left(2x_i^k(t) - 1 + 2x_i^k(t-1) - 1\right)$$

$$= 2\sum_{k \notin \{q,q'\}} \alpha(k)$$

Nous déduisons donc que la borne supérieure du troisième terme de l'équation (5.19) est

$$2\lambda_i \sum_{j=1}^{n} |a_{ij}| \times max\left\{max\left\{\sum_{k \neq q}\alpha(k) - \alpha(q) : q \in Q\right\}, max\left\{\sum_{k \notin \{q,q'\}}\alpha(k) : \{q,q'\} \subset Q\right\}\right\}$$

Dynamique des Réseaux d'Automates à Fonction Majorité

et sa borne inférieure est

$$2\lambda_i \sum_{j=1}^{n} |a_{ij}| \times min \left\{ min \left\{ \sum_{k \neq q} \alpha(k) - \alpha(q) : q \in Q \right\}, min \left\{ \sum_{k \notin \{q,q'\}} \alpha(k) : \{q,q'\} \subset Q \right\} \right\}$$

En utilisant les équations (5.17) et (5.18), nous déduisons les bornes suivantes de $\left(E^*_{par}(x(t))\right)_i$:

$$\left(E^*_{par}(x(t))\right)_i \geq -\lambda_i \sum_{k=1}^{p} |\alpha(k)| \sum_{j=1}^{n} |a_{ij}| + 2\lambda_i MIN \sum_{j=1}^{n} |a_{ij}| + \frac{2p(p-3)}{\eta_i}$$

et

$$\left(E^*_{par}(x(t))\right)_i \leq \lambda_i \sum_{k=1}^{p} |\alpha(k)| \sum_{j=1}^{n} |a_{ij}| + 2\lambda_i MAX \sum_{j=1}^{n} |a_{ij}| + \frac{2(p^2+p-4)}{\eta_i}$$

Sachant que $E^*_{par}(x(t)) = \sum_{i=1}^{n} \left(E^*_{par}(x(t))\right)_i$, nous obtenons les équations (5.15) et (5.16).

$\square$

Notons $\bar{X}$ l'ensemble des configurations initiales qui n'appartiennent pas à un attracteur :

$$\bar{X} = \{x(0) \in \{0,1\}^n \text{ tel que } x(0) \neq x(2)\}$$

Rappelons que $\bar{X}$ est vide si la longueur du transitoire de l'automate est nulle. Si $\bar{X} \neq \emptyset$ nous définissons :

$$e^* = min\left\{-\left(E^*_{par}(x(2)) - E^*_{par}(x(1))\right) : x(0) \in \bar{X}\right\} \quad (5.20)$$

Soit e la valeur définie par $e = e^*/4$. Si $\bar{X} = \emptyset$ nous posons $e^* = 0$.

Nous pouvons à présent donner le principal résultat de cette section. Soit $\tau_{par}(A, \alpha, \sigma, \lambda)$ la longueur du transitoire de l'automate majorité itérant en parallèle $(I, Q, A, \alpha, \sigma, \phi)$.

Théorème 5.5. *([68]) Soit A une matrice quasi-symétrique de poids des influences entre opinions. La longueur du transitoire $\tau_{par}(A, \alpha, \sigma, \lambda)$ de l'automate majorité itérant en parallèle est bornée pour $e > 0$ par :*

$$\tau_{par}(A, \alpha, \sigma, \lambda) \leq \frac{1}{2e}\left(MAX - MIN + \sum_{k=1}^{p} |\alpha(k)|\right) \|\Lambda.A\| \quad (5.21)$$

Preuve :

Soit $\{x(t) : t \geq 0\}$ une trajectoire de l'automate majorité itérant en parallèle avec pour longueur de transitoire $\tau(x(0)) = \tau_{par}(A, \alpha, \sigma, \lambda)$ et posons $t_0 = \tau_{par}(A, \alpha, \sigma, \lambda) + 1$. Sachant que $x(0) \in \bar{X}$ et donc que $x(0) \neq x(2)$, de la Proposition 5.2 nous obtenons

$-\left(E_{par}^{*}\left(x(2)\right)-E_{par}^{*}\left(x(1)\right)\right)>0$. Nous en déduisons que, $\tau_{par}\left(A,\alpha,\sigma,\lambda\right)=0$ si et seulement si $e=0$. Supposons que $e>0$. Pour tout t tel que $0\leq t\leq\tau_{par}\left(A,\alpha,\sigma,\lambda\right)-1$ nous avons $x\left(t\right)\in\bar{X}$. Par définition de e^{*} nous déduisons $E_{par}^{*}\left(x(t)\right)\leq E_{par}^{*}\left(x(t-1)\right)-e^{*}$ pour tout t tel que $2\leq t\leq\tau_{par}\left(A,\alpha,\sigma,\lambda\right)+1$. Par conséquent $E_{par}^{*}\left(x(t_{0})\right)\leq E_{par}^{*}\left(x(1)\right)-e^{*}\left(t_{0}-1\right)$. A partir de la Proposition 5.3 nous trouvons :

$$\left(2MIN-\sum_{k=1}^{p}|\alpha(k)|\right)\|\Lambda.A\|+2p(p-3)\sum_{i=1}^{n}\frac{1}{\eta_{i}}\leq E_{par}^{*}\left(x(t_{0})\right)\leq E_{par}^{*}\left(x(1)\right)-\tau_{par}\left(A,\alpha,\sigma,\lambda\right)e^{*}\leq$$
$$\left(2MAX+\sum_{k=1}^{p}|\alpha(k)|\right)\|\Lambda.A\|+2(p^{2}+p-4)\sum_{i=1}^{n}\frac{1}{\eta_{i}}-\tau_{par}\left(A,\alpha,\sigma,\lambda\right)e^{*}$$

Par conséquent

$$\tau_{par}\left(A,\alpha,\sigma,\lambda\right)\leq\frac{4}{e^{*}}\left(\frac{1}{2}\left(MAX-MIN+\sum_{k=1}^{p}|\alpha(k)|\right)\|\Lambda.A\|+2(p-1)\sum_{i=1}^{n}\frac{1}{\eta_{i}}\right)$$

et si $\eta_{i}=+\infty$ pour tout $i\in\{1,...,n\}$ alors

$$\tau_{par}\left(A,\alpha,\sigma,\lambda\right)\leq\frac{1}{2e}\left(MAX-MIN+\sum_{k=1}^{p}|\alpha(k)|\right)\|\Lambda.A\|$$

$\square$

La première remarque que l'on peut faire sur cette borne est qu'elle est indépendante des préférences des individus dans la population par rapport aux différentes opinions, c'est-à-dire la matrice σ. Ceci n'est pas vraiment une surprise ; en effet dans l'équation (5.2) on remarque que σ n'intervient que dans le cas où plusieurs opinions exercent la même pression sociale sur un individu. Nous pouvons au vu de cette remarque conclure que si la hiérarchie locale entre les différentes opinions change de manière déterministe au cours du temps (en fonction de la configuration des opinions dans la population par exemple), alors ceci n'aura aucun effet sur la borne du transitoire et sur les longueurs des cycles.

Supposons que les impacts sociaux des opinions soient égaux ; sans nuire à la généralité, nous pouvons fixer $\alpha(k)=1$ pour $k=1,...,p$. Puisque $\alpha=\bar{1}$, nous déduisons que $MIN=MAX$ et $\sum_{k=1}^{p}|\alpha(k)|=p$ et ceci implique

$$\tau_{par}\left(A,\alpha,\sigma,\lambda\right)\leq\frac{1}{2e}\left(p\|\Lambda.A\|+4(p-1)\sum_{i=1}^{n}\frac{1}{\eta_{i}}\right) \quad (5.22)$$

La valeur e peut être bornée comme suit : à partir de la preuve de la Proposition 5.1, $\forall i\in I$, soit $(\Delta_{t}E_{par})_{i}\leq\frac{\sigma(q')-\sigma(q)}{\eta_{i}}-\xi_{i}$ soit $(\Delta_{t}E_{par})_{i}\leq\frac{\sigma(q')-\sigma(q)}{\eta_{i}}$ pour deux éléments $q,q'\in Q$. Sachant que $\Delta_{t}E_{par}<0$ sur le transitoire, $\Delta_{t}E_{par}=\sum_{i\in I}(\Delta_{t}E_{par})_{i}$ et $\forall i\in I\,(\Delta_{t}E_{par})_{i}\leq 0$, nous trouvons $\Delta_{t}E_{par}\leq-min\left\{\xi_{i}-\frac{p-1}{\eta_{i}},\frac{1}{\eta_{i}}:i\in I\right\}$. A partir de l'équation (5.10), on obtient $\eta_{i}>(p-1)/\xi_{i}$. Il est aisé de montrer que si $\eta_{i}>p/\xi_{i}$ alors $min\left\{\xi_{i}-\frac{p-1}{\eta_{i}},\frac{1}{\eta_{i}}:i\in I\right\}=$

$1/max\{\eta_i : i \in I\}$ et également que si $(p-1)/\xi_i < \eta_i < p/\xi_i$ alors $min\left\{\xi_i - \frac{p-1}{\eta_i}, \frac{1}{\eta_i} : i \in I\right\} = min\left\{\xi_i - \frac{p-1}{\eta_i} : i \in I\right\}$. A partir de l'équation (5.20) et de la définition de e, on obtient $e = min\left\{-\Delta_2 E_{par} : x(0) \in \bar{X}\right\}$ et donc, si $\eta_i > p/\xi_i$ alors

$$\tau_{par}(A,\alpha,\sigma,\lambda) \leq \frac{1}{2}max\{\eta_i : i \in I\}\left(p\|\Lambda.A\| + 4(p-1)\sum_{i=1}^{n}\frac{1}{\eta_i}\right) \qquad (5.23)$$

et si $(p-1)/\xi_i < \eta_i < p/\xi_i$ alors

$$\tau_{par}(A,\alpha,\sigma,\lambda) \leq \left(2 \times min\left\{\xi_i - \frac{p-1}{\eta_i} : i \in I\right\}\right)^{-1}\left(p\|\Lambda.A\| + 4(p-1)\sum_{i=1}^{n}\frac{1}{\eta_i}\right) \qquad (5.24)$$

A partir des équations (5.23) et (5.24) nous pouvons conclure que si toutes les opinions présentes dans la population ont le même impact social, les deux paramètres qui influencent la vitesse avec laquelle la population converge vers un attracteur sont le nombre d'opinions et la matrice des poids des influences entre opinions. En effet, les valeurs des η_i ($i \in I$) dépendent de p et A (voir les équations (5.9) et (5.10)).

5.4 Itération série sur réseau quasi-symétrique

Dans le mode d'itération séquentielle ou série, les opinions des individus constituant la population sont mises à jour une à une suivant un ordre pré-établi. Ce mode d'itération peut être assimilé à celui dans lequel la durée d'un pas d'itération est faible de tel sorte qu'il devient raisonnable de considérer qu'un seul individu a eu pendant ce temps la possibilité de mettre à jour son opinion. L'itération série convient également pour la modélisation des processus à temps discret dans lesquels il existe une hiérarchie dans la prise de décision entre les entités impliquées.

Afin d'appliquer aisément la technique des fonctions de Lyapunov, il est préférable de réécrire l'équation (5.7) définissant l'itération série de l'automate majorité comme suit :

1. au début de l'étape $t+1$, on a $x(t) = (x_1(t), x_2(t), ..., x_n(t))$,
2. assigner $i \leftarrow 0$ et $s \leftarrow t \times n$,
3. $i \leftarrow i + 1$,
4. mettre à jour la cellule i en utilisant la fonction majorité ; on obtient alors $x(s+i) = (x_1(s+1), ..., x_{i-1}(s+i-1), x_i(s), x_{i+1}(s), ..., x_n(s))$
5. si $i < n$ alors aller à l'étape 3, sinon une étape complète de l'itération séquentielle est achevée ; c'est-à-dire que $x(t+1) = x(s+n)$.

Avec le nouvel ensemble de temps $\{s \in \mathbb{N}\}$, l'automate majorité itère séquentiellement comme l'indique l'équation suivante pour $s > 0$:

$$\begin{cases} x_i(s) = \phi_i(x_1(s-1), ..., x_n(s-1)) & \text{si } s \bmod n = i \\ x_n(s) = \phi_n(x_1(s-1), ..., x_n(s-1)) & \text{si } s \bmod n = 0 \\ x_j(s) = x_j(s-1) & \text{sinon} \end{cases} \quad (5.25)$$

Avec cette définition, nous allons pouvoir définir des fonctions de Lyapunov pour l'automate majorité itérant en mode séquentiel.

Proposition 5.4. *Si la matrice des poids des influences entre opinions A est quasi-symétrique, et $\overline{\alpha(k)a_{ii}} \geq 0$ pour tout $k \in \{1, ..., p\}$ et $i \in \{1, ..., n\}$ alors la fonction*

$$E_{seq}(x(s)) = -\sum_{i=1}^{n}\sum_{k=1}^{p} \alpha(k) x_i^k(s) \sum_{j=1}^{n} \lambda_i a_{ij} x_j^k(s) - 2\sum_{i=1}^{n}\sum_{k=1}^{p} \frac{\sigma_i(k)}{\eta_i} x_i^k(s) \quad (5.26)$$

est une fonction de Lyapunov strictement décroissante pour l'itération série de l'automate majorité.

Preuve :

Soit $\Delta_s E_{seq} = E_{seq}(x(s)) - E_{seq}(x(s-1))$. on a :

$$\begin{aligned} \Delta_s E_{seq} &= E_{seq}(x(s)) - E_{seq}(x(s-1)) \\ &= -\sum_{i=1}^{n}\sum_{k=1}^{p} \alpha(k) x_i^k(s) \sum_{j=1}^{n} \lambda_i a_{ij} x_j^k(s) - 2\sum_{i=1}^{n}\sum_{k=1}^{p} \frac{\sigma_i(k)}{\eta_i} x_i^k(s) \\ &\quad + \sum_{i=1}^{n}\sum_{k=1}^{p} \alpha(k) x_i^k(s-1) \sum_{j=1}^{n} \lambda_i a_{ij} x_j^k(s-1) + 2\sum_{i=1}^{n}\sum_{k=1}^{p} \frac{\sigma_i(k)}{\eta_i} x_i^k(s-1) \end{aligned}$$

Soit $l \in \{1, ..., n\}$ l'unique cellule de l'automate qui met à jour son opinion au temps s, nous trouvons :

$$\begin{aligned} \Delta_s E_{seq} &= -\sum_{k=1}^{p} \alpha(k) x_l^k(s) \sum_{j=1}^{n} \lambda_l a_{lj} x_j^k(s) + \sum_{k=1}^{p} \alpha(k) x_l^k(s-1) \sum_{j=1}^{n} \lambda_l a_{lj} x_j^k(s-1) \\ &\quad - \sum_{i \neq l}\sum_{k=1}^{p} \alpha(k) x_i^k(s) \lambda_i a_{il} x_l^k(s) + \sum_{i \neq l}\sum_{k=1}^{p} \alpha(k) x_i^k(s-1) \lambda_i a_{il} x_l^k(s-1) \\ &\quad - 2\sum_{k=1}^{p} \frac{\sigma_l(k)}{\eta_l} (x_l^k(s) - x_l^k(s-1)) \end{aligned}$$

Etant donné que la matrice A est quasi-symétrique,

$$\begin{aligned} \Delta_s E_{seq} &= -\sum_{k=1}^{p} \alpha(k) x_l^k(s) \sum_{j=1}^{n} \lambda_l a_{lj} x_j^k(s) + \sum_{k=1}^{p} \alpha(k) x_l^k(s-1) \sum_{j=1}^{n} \lambda_l a_{lj} x_j^k(s-1) \\ &\quad - \sum_{k=1}^{p} \alpha(k) x_l^k(s) \sum_{i \neq l} \lambda_l a_{li} x_i^k(s) + \sum_{k=1}^{p} \alpha(k) x_l^k(s-1) \sum_{i \neq l} \lambda_l a_{li} x_i^k(s-1) \\ &\quad - 2\sum_{k=1}^{p} \frac{\sigma_l(k)}{\eta_l} (x_l^k(s) - x_l^k(s-1)) \\ &= -2\sum_{k=1}^{p} \alpha(k) x_l^k(s) \sum_{j \neq l} \lambda_l a_{lj} x_j^k(s) + 2\sum_{k=1}^{p} \alpha(k) x_l^k(s-1) \sum_{j \neq l} \lambda_l a_{lj} x_j^k(s-1) \\ &\quad - \sum_{k=1}^{p} \alpha(k) x_l^k(s)^2 \lambda_l a_{ll} + \sum_{k=1}^{p} \alpha(k) x_l^k(s-1)^2 \lambda_l a_{ll} - 2\sum_{k=1}^{p} \frac{\sigma_l(k)}{\eta_l} (x_l^k(s) - x_l^k(s-1)) \end{aligned}$$

Dynamique des Réseaux d'Automates à Fonction Majorité

Pour tout $j \neq l$, $x_j^k(s) = x_j^k(s-1)$; et comme conséquence

$$\begin{aligned}\Delta_s E_{seq} &= -2\sum_{k=1}^{p}\alpha(k)x_l^k(s)\sum_{j\neq l}\lambda_l a_{lj}x_j^k(s-1) + 2\sum_{k=1}^{p}\alpha(k)x_l^k(s-1)\sum_{j\neq l}\lambda_l a_{lj}x_j^k(s-1) \\ &\quad -\sum_{k=1}^{p}\alpha(k)x_l^k(s)^2\lambda_l a_{ll} + \sum_{k=1}^{p}\alpha(k)x_l^k(s-1)^2\lambda_l a_{ll} - 2\sum_{k=1}^{p}\frac{\sigma_l(k)}{\eta_l}(x_l^k(s) - x_l^k(s-1)) \\ &= -2\sum_{k=1}^{p}(x_l^k(s) - x_l^k(s-1))\left(\alpha(k)\sum_{j\neq l}\lambda_l a_{lj}x_j^k(s-1) + \frac{\sigma_l(k)}{\eta_l}\right) \\ &\quad -\lambda_l a_{ll}\sum_{k=1}^{p}\alpha(k)\left(x_l^k(s)^2 - x_l^k(s-1)^2\right) \\ &= -2\sum_{k=1}^{p}(x_l^k(s) - x_l^k(s-1))\left(\alpha(k)\sum_{j=1}^{n}\lambda_l a_{lj}x_j^k(s-1) + \frac{\sigma_l(k)}{\eta_l}\right) \\ &\quad -\lambda_l a_{ll}\sum_{k=1}^{p}\alpha(k)\left(x_l^k(s)^2 - x_l^k(s-1)^2\right) \\ &\quad +2\lambda_l a_{ll}\sum_{k=1}^{p}\alpha(k)x_l^k(s-1)\left(x_l^k(s) - x_l^k(s-1)\right)\end{aligned}$$

On obtient alors

$$\begin{aligned}\Delta_s E_{seq} &= -2\sum_{k=1}^{p}(x_l^k(s) - x_l^k(s-1))\left(\alpha(k)\sum_{j=1}^{n}\lambda_l a_{lj}x_j^k(s-1) + \frac{\sigma_l(k)}{\eta_l}\right) \\ &\quad -\lambda_l a_{ll}\sum_{k=1}^{p}\alpha(k)\left(x_l^k(s) - x_l^k(s-1)\right)^2\end{aligned}$$

Nous en déduisons que, si $x_l(s) = x_l(s-1)$ alors $\Delta_s E_{seq} = 0$. Supposons que $\exists q \in Q$ tel que $x_l^q(s) \neq x_l^q(s-1)$. A partir de l'équation (5.5) nous déduisons que, $\exists! q' \in Q$, $q' \neq q$ tel que $x_l^{q'}(s) \neq x_l^{q'}(s-1)$. Si $x_l^q(s) = 1$ alors

$$\begin{aligned}\Delta_s E_{seq} &= -2\left(\alpha(q)\sum_{j=1}^{n}\lambda_l a_{lj}x_j^q(s-1) + \frac{\sigma_l(q)}{\eta_l}\right) - \lambda_l a_{ll}\alpha(q) \\ &\quad +2\left(\alpha(q')\sum_{j=1}^{n}\lambda_l a_{lj}x_j^{q'}(s-1) + \frac{\sigma_l(q')}{\eta_l}\right) - \lambda_l a_{ll}\alpha(q') \\ &= -2\left(\alpha(q)\sum_{j=1}^{n}\lambda_l a_{lj}x_j^q(s-1) - \alpha(q')\sum_{j=1}^{n}\lambda_l a_{lj}x_j^{q'}(s-1)\right) \\ &\quad +2\left(\frac{\sigma_l(q')}{\eta_l} - \frac{\sigma_l(q)}{\eta_l}\right) - \lambda_l a_{ll}\left(\alpha(q) + \alpha(q')\right)\end{aligned}$$

Deux cas sont possibles :

1. Si $\sigma_l(q) < \sigma_l(q')$ alors $\alpha(q)\sum_{j=1}^{n}\lambda_l a_{lj}x_j^q(s-1) > \alpha(q')\sum_{j=1}^{n}\lambda_l a_{lj}x_j^{q'}(s-1)$ et ceci implique que $\Delta_s E_{seq} \leq -2\xi_l + 2\left(\frac{\sigma_l(q')}{\eta_l} - \frac{\sigma_l(q)}{\eta_l}\right) - \lambda_l a_{ll}\left(\alpha(q) + \alpha(q')\right)$. Sachant que $\sigma_l(q') - $

$\sigma_l(q) \leq p - 1$, $\frac{p-1}{\eta_l} < \xi_l$ et que $\lambda_l a_{ll} (\alpha(q) + \alpha(q')) \geq 0$, nous déduisons $\Delta_s E_{seq} < 0$.

2. Si $\sigma_l(q) > \sigma_l(q')$ alors $\alpha(q) \sum_{j=1}^{n} \lambda_l a_{lj} x_j^q(s-1) \geq \alpha(q') \sum_{j=1}^{n} \lambda_l a_{lj} x_j^{q'}(s-1)$. Dans le cas où $\alpha(q) \sum_{j=1}^{n} \lambda_l a_{lj} x_j^q(s-1) = \alpha(q') \sum_{j=1}^{n} \lambda_l a_{lj} x_j^{q'}(s-1)$ on a $\Delta_s E_{seq} = 2 \left(\frac{\sigma_l(q')}{\eta_l} - \frac{\sigma_l(q)}{\eta_l} \right) - \lambda_l a_{ll} (\alpha(q) + \alpha(q'))$ et à partir des hypothèses nous déduisons $\Delta_s E_{seq} < 0$. D'autre part, si $\alpha(q) \sum_{j=1}^{n} \lambda_l a_{lj} x_j^q(s-1) > \alpha(q') \sum_{j=1}^{n} \lambda_l a_{lj} x_j^{q'}(s-1)$ alors $\Delta_s E_{seq} \leq -2\xi_l + 2 \left(\frac{\sigma_l(q')}{\eta_l} - \frac{\sigma_l(q)}{\eta_l} \right) - \lambda_l a_{ll} (\alpha(q) + \alpha(q')) < 0$.

La preuve du cas $x_i^q(s) = 0$ est similaire à la preuve ci-dessus. Par conséquent, si $\exists q \in Q$ tel que $x_l^q(s) \neq x_l^q(s-1)$ alors $\Delta_s E_{seq} < 0$ et donc, la fonction $E_{seq}(s)$ est une fonction de Lyapunov strictement décroissante pour l'itération série de l'automate majorité. □

En utilisant les mêmes arguments que pour la preuve du Théorème 5.4, nous trouvons que la période T_s de l'automate majorité itérant en mode séquentiel dans le nouvel espace de temps $\{s \in \mathbb{N}\}$ divise n. Nous en déduisons le résultat suivant pour la période de l'automate dans l'espace de temps $\{t \in \mathbb{N}\}$.

Théorème 5.6. *([68]) Si la matrice des poids des influences entre opinions de l'automate majorité itérant en mode séquentiel est quasi-symétrique et si $\alpha(k) a_{ii} \geq 0$ pour tout $k \in \{1, ..., p\}$ et $i \in \{1, ..., n\}$ alors l'automate converge toujours vers des points fixes.*

Remarque 5.5. *Si la matrice des poids des influences entre opinions de l'automate majorité itérant en mode séquentiel n'est pas quasi-symétrique, on peut obtenir des cycles de longueurs supérieures à un. En effet si nous considérons par exemple l'itération séquentielle de l'automate majorité de l'exemple 6.1 et si nous fixons $a_{41} = -0,74$ au lieu de $0,74$ alors nous obtenons dans le graphe d'itération le cycle de longueur deux illustré sur la Figure 31(b). L'ordre canonique $\leq$ est utilisé pour faire itérer les cellules de l'automate majorité.*

Remarque 5.6. *L'hypothèse $\forall k \in Q \, \forall i \in I \, \alpha(k) a_{ii} \geq 0$ est également nécessaire pour l'obtention dans le graphe d'itération d'un automate majorité itérant en mode séquentiel des points fixes comme unique attracteurs. Considérons une fois de plus l'automate majorité itérant séquentiellement suivant l'ordre canonique $\leq$ et ayant les même paramètres que l'automate majorité de l'exemple 6.1. Si nous fixons $a_{11} = -0.9$ au lieu de 0, nous obtenons dans le nouveau graphe d'itération le cycle de longueur deux représenté par la Figure 31(c).*

Nous allons à présent montrer que la fonction $E^*_{seq}(x(s))$, définie par

$$\begin{aligned} E^*_{seq}(x(s)) &= -\sum_{i=1}^{n} \sum_{k=1}^{p} \alpha(k)(2x_i^k(s) - 1) \sum_{j=1}^{n} \lambda_i a_{ij}(2x_j^k(s) - 1) \\ &\quad -2 \sum_{i=1}^{n} \sum_{k=1}^{p} \left(\frac{2\sigma_i(k)}{\eta_i} + \alpha(k) \sum_{j=1}^{n} \lambda_i a_{ij} \right)(2x_i^k(s) - 1) \end{aligned} \quad (5.27)$$

et dérivée de $E_{seq}(x(s))$ est également une fonction de Lyapunov pour l'itération série de l'automate majorité. Cette nouvelle fonction est plus adaptée pour la caractérisation de la longueur du transitoire comme nous le montrons plus loin.

Proposition 5.5. *Si la matrice des poids des influences entre opinions A est quasi-symétrique et $\overline{\alpha(k)}a_{ii} \geq 0$ pour tout $k \in \{1, ..., p\}$ et $i \in \{1, ..., n\}$ alors la fonction $E^*_{seq}(x(s))$ est une fonction de Lyapunov strictement décroissante pour l'itération séquentielle de l'automate majorité.*

Preuve :

A partir de la preuve de la Proposition 5.4 nous déduisons :

$$\Delta_s E^*_{seq} = E^*_{seq}(x(s)) - E^*_{seq}(x(s-1))$$

$$= -2\sum_{k=1}^{p}(2x_l^k(s) - 1 - 2x_l^k(s-1) + 1)\left(\alpha(k)\sum_{j=1}^{n}\lambda_l a_{lj}(2x_j^k(s-1) - 1)\right.$$

$$\left. + \left(\frac{2\sigma_l(k)}{\eta_l} + \alpha(k)\sum_{j=1}^{n}\lambda_l a_{lj}\right)\right) + \lambda_l a_{ll}\sum_{k=1}^{p}\alpha(k)\left(2x_l^k(s) - 1 - 2x_l^k(s-1) + 1\right)^2$$

$$= -8\sum_{k=1}^{p}(x_l^k(s) - x_l^k(s-1))\left(\alpha(k)\sum_{j=1}^{n}\lambda_l a_{lj}x_j^k(s-1) + \frac{\sigma_l(k)}{\eta_l}\right)$$

$$+ 4\lambda_l a_{ll}\sum_{k=1}^{p}\alpha(k)\left(x_l^k(s) - x_l^k(s-1)\right)^2$$

Ce qui implique que $\Delta_s E^*_{seq} = 4\Delta_s E_{seq}$ et par conséquent, $\Delta_s E^*_{seq} \leq 0$ et $\Delta_s E^*_{seq} = 0$ si et seulement si $\forall i \in \{1,...,n\}$ $x_i(s) = x_i(s-1)$. □

La longueur du transitoire de l'automate majorité itérant suivant le mode séquentiel est bornée en utilisant la fonction $E^*_{seq}(x(s))$ comme suit :

Théorème 5.7. *([68]) Soit A une matrice quasi-symétrique des poids d'influences des opinions dans une population. Si $\alpha(k)a_{ii} \geq 0$ pour tout $k \in \{1, ..., p\}$ et $i \in \{1, ..., n\}$ alors la longueur du transitoire $\tau_{seq}(A, \alpha, \sigma, \lambda)$ de l'automate majorité itérant suivant le mode séquentiel et qui décrit la dynamique des opinions dans la population est bornée pour $e' > 0$ par :*

$$\tau_{seq}(A, \alpha, \sigma, \lambda) \leq \frac{1}{ne'}\|\Lambda.A\|\sum_{k=1}^{p}|\alpha(k)| \tag{5.28}$$

où $e' = min\left\{-\left(E_{seq}(x(1)) - E_{seq}(x(0))\right) \text{ tel que } x(0) \neq x(1)\right\}$

Preuve :

Dans l'espace de temps $\{s \in \mathbb{N}\}$, notons par $\bar{X}'$ l'ensemble des configurations initiales qui ne sont pas des points fixes :

$$\bar{X}' = \{x(0) \in \{0,1\}^n \text{ tel que } x(0) \neq x(1)\}$$

Si $\bar{X}' \neq \emptyset$ posons :

$$e'^* = min\left\{-\left(E^*_{seq}(x(1)) - E^*_{seq}(x(0))\right) : x(0) \in \bar{X}'\right\} \tag{5.29}$$

Soit e' le nombre réel tel que $e'^* = 4e'$. Considérons le terme d'ordre i de $E^*_{seq}(x(s))$.

Dynamique des Réseaux d'Automates à Fonction Majorité

$$\begin{aligned}
\left(E^*_{seq}\left(x(s)\right)\right)_i &= -\sum_{k=1}^{p}\alpha(k)(2x_i^k(s)-1)\sum_{j=1}^{n}\lambda_i a_{ij}(2x_j^k(s)-1)\\
&\quad -2\sum_{k=1}^{p}\left(\frac{2\sigma_i(k)}{\eta_i}+\alpha(k)\sum_{j=1}^{n}\lambda_i a_{ij}\right)(2x_i^k(s)-1)\\
&= -\sum_{k=1}^{p}\alpha(k)(2x_i^k(s)-1)\sum_{j=1}^{n}\lambda_i a_{ij}(2x_j^k(s)-1) - 4\sum_{k=1}^{p}\frac{\sigma_i(k)}{\eta_i}(2x_i^k(s)-1)\\
&\quad -2\sum_{k=1}^{p}\alpha(k)\sum_{j=1}^{n}\lambda_i a_{ij}(2x_i^k(s)-1)\\
&= -\sum_{k=1}^{p}\alpha(k)(2x_i^k(s)-1)\sum_{j=1}^{n}\lambda_i a_{ij}(2x_j^k(s)+1) - 4\sum_{k=1}^{p}\frac{\sigma_i(k)}{\eta_i}(2x_i^k(s)-1)
\end{aligned}$$

Les bornes suivantes sont obtenues :

→ pour le premier terme de $\left(E^*_{seq}\left(x(s)\right)\right)_i$:

$$-3\lambda_i\sum_{k=1}^{p}|\alpha(k)|\sum_{j=1}^{n}|a_{ij}| \leq -\sum_{k=1}^{p}\alpha(k)(2x_i^k(s)-1)\sum_{j=1}^{n}\lambda_i a_{ij}(2x_j^k(s)+1) \leq \lambda_i\sum_{k=1}^{p}|\alpha(k)|\sum_{j=1}^{n}|a_{ij}|$$

- comme dans la preuve de la Proposition 5.3, $\sum_{k=1}^{p}\frac{\sigma_i(k)}{\eta_i}(2x_i^k(s)-1) = \frac{1}{\eta_i}\left(\sigma_i(q)-\sum_{k\neq q}\sigma_i(k)\right)$ pour un élément $q \in \{1,...,p\}$. D'une part $\sigma_i(q)-\sum_{k\neq q}\sigma_i(k) \leq p - \frac{p(p-1)}{2}$ et d'autre part $\sigma_i(q)-\sum_{k\neq q}\sigma_i(k) \geq 1-\left(\frac{p(p+1)}{2}-1\right)$, c'est-à-dire $\frac{-p^2-p+4}{2\eta_i} \leq \sum_{k=1}^{p}\frac{\sigma_i(k)}{\eta_i}(2x_i^k(s)-1) \leq \frac{p(3-p)}{2\eta_i}$.

Par conséquent

$$\left(E^*_{seq}\left(x(s)\right)\right)_i \geq -3\lambda_i\sum_{k=1}^{p}|\alpha(k)|\sum_{j=1}^{n}|a_{ij}| + \frac{2p(p-3)}{\eta_i}$$

et

$$\left(E^*_{seq}\left(x(s)\right)\right)_i \leq \lambda_i\sum_{k=1}^{p}|\alpha(k)|\sum_{j=1}^{n}|a_{ij}| + \frac{2(p^2+p-4)}{\eta_i}$$

on obtient alors

$$E^*_{seq}(x(s)) \geq -3\|\Lambda.A\|\sum_{k=1}^{p}|\alpha(k)| + p(p-3)\sum_{i=1}^{n}\frac{2}{\eta_i} \qquad (5.30)$$

$$E^*_{seq}(x(s)) \leq \|\Lambda.A\|\sum_{k=1}^{p}|\alpha(k)| + (p^2+p-4)\sum_{i=1}^{n}\frac{2}{\eta_i} \qquad (5.31)$$

et de manière similaire à ce qui a été fait pour la preuve du Théorème 5.5, nous trouvons que dans l'espace de temps $\{s \in \mathbb{N}\}$, la longueur du transitoire de l'automate majorité itérant suivant le mode séquentiel est telle que $\tau_{seq}(A,\alpha,\sigma,\lambda) = 0$ si $e' = 0$ et

Dynamique des Réseaux d'Automates à Fonction Majorité 101

$$\tau_{seq}(A, \alpha, \sigma, \lambda) \leq \frac{1}{e'} \left(\|\Lambda.A\| \sum_{k=1}^{p} |\alpha(k)| + 2(p-1) \sum_{i=1}^{n} \frac{1}{\eta_i} \right) \text{ si } e' \neq 0. \text{ Puisque } t = s/n \text{ pour}$$
certains $s \in \mathbb{N}$, pour $\eta_i = +\infty$ nous obtenons l'équation (5.28). □

Comme dans le cas de l'itération parallèle, cette borne est indépendante des préférences des individus constituant la population par rapport aux différentes opinions.

5.5 Conclusion

Nous avons montré que si la matrice des poids des influences entre opinions de l'automate majorité est quasi-symétrique, alors après un certain nombre d'itérations, soit la configuration des opinions reste constante, soit elle oscille entre deux valeurs dans le cas des mises à jour parallèles et qu'elle restera toujours constante dans le cas des mises à jour en série. Nous avons en plus explicitement borné le nombre d'itérations qu'il faut pour chacun des modes d'itération étudié avant d'atteindre ces configurations d'équilibre.

A partir du Théorème 5.4 nous avons déduit que dans une population où la dynamique des opinions est assurée par les fonctions majorité, si les mises à jour des opinions se font simultanément pour tous les individus alors la population peut se trouver à l'équilibre dans un état ambivalent. Par conséquent, non seulement il est possible qu'un consensus ne soit jamais obtenu mais en plus on peut arriver à des situations ou aucune opinion majoritaire n'apparaît. Un état ambivalent est en effet caractérisé par la présence d'un groupe d'individus dont l'opinion de chacun oscille perpétuellement entre deux valeurs. C'est le cas des individus de numéro 2 et 4 dans le cycle $3333 \rightarrow 3232 \rightarrow 3333$ et de toute la population dans le cycle $1313 \rightarrow 3131 \rightarrow 1313$ dans l'exemple 6.1 (Figure 30). Dans des applications de dynamique d'opinions, notamment dans le cas d'élections ou dans le cas du marketing, ce résultat met en exergue la présence des situations d'équilibre qui induisent des conséquences très particulières comme par exemple l'impossibilité d'avoir une majorité ou une position dominante stable.

Connaître l'expression de la borne du transitoire pour ce genre de système est très important pour les simulations car elle peut permettre de calculer le nombre d'itérations nécessaire pour arrêter la simulation mais plus encore de fixer les valeurs des paramètres pour obtenir une vitesse de convergence plus ou moins grande. La connaissance de cette expression n'est pas seulement importante pour les simulations mais peut également s'avérer utile dans le cas des applications telles que le marketing ou les campagnes électorales dans lesquelles il est important de connaître après combien de temps les attitudes de consommation ou les opinions à propos des candidats à une élection respectivement ne varieront plus de manière considérable. De plus dans le cadre des applications, il est possible de modifier certains paramètres à travers des actions publicitaires bien ciblées par exemple, pour faire baisser (ou augmenter) cette durée afin d'atteindre un certain nombre d'objectifs.

Dans les sections 6.4 et 6.5 nous avons étudié la dynamique des opinions dans une population dans laquelle ni les impacts sociaux des opinions ni les poids des influences entre opinions des individus de la population, ni les hiérarchies de préférence entre opinions ne changent. Ces contraintes sont très rigides et il serait plus intéressant de considérer des situations plus réalistes dans lesquelles certains de ses paramètres peuvent changer avec le temps. Nous avons mentionné que si pour un certain nombre d'individus dans la population, la hiérarchie local entre les différentes opinions change de manière déterministe au cours du temps, ceci n'aura aucun effet sur la borne du transitoire et sur les longueurs des cycles. Dans la littérature [45, 46, 54, 69], l'apprentissage est utilisée pour simuler la modification des poids des influences entre opinions dans la population. Dans le cas d'un réseau d'automates à fonction majorité, si nous supposons que ces interactions changent au cours de l'évolution du système de tel sorte qu'il existe des vecteurs $\lambda(t)$ pour $t \geq 0$ tel que $\forall t \geq 0, \forall i, j \in I \; \lambda_i(t) > 0$ et $\lambda_i(t)a_{ij}(t) = \lambda_i(0)a_{ij}(0)$, alors nous pouvons conclure que la longueur du transitoire sera identique à celle qui est obtenue si aucun changement n'a lieu. En effet dans ce cas, $\forall t > 0 \; \forall i, j \in I \; a_{ij}(t) = (\lambda_i(0)/\lambda_i(t)) \, a_{ij}(0)$ et par conséquent la séquence des opinions adoptées par l'individu i au cours de l'évolution du système est la même que la séquence des opinions qui auraient été adoptées par cet individu si la matrice des interactions était restée constante. Ce cas très simple d'apprentissage traduit d'une certaine manière la rigidité de la propriété de quasi-symétrie pour les itérations des automates majorité.

Conclusion Générale

Nous avons étudié dans la première partie de cette thèse le problème de l'arbre couvrant de distance moyenne minimale (ACDM) qui consiste en la construction d'un arbre couvrant un graphe et qui minimise la somme des distances entre sommets. A partir de résultats établis par Dankelmann [28] sur la qualité des arbres de plus courts chemins à partir d'un sommet, nous avons remarqué qu'il est impossible de manière générale de ne limiter l'espace de recherche de la solution qu'à l'ensemble des arbres de plus courts chemins à partir des sommets d'un graphe. Nous avons remarqué que même dans le cas où l'on peut restreindre la recherche de l'arbre solution à l'ensemble des arbres de plus courts chemins à partir d'un sommet, il est nécessaire de parcourir l'ensemble de tous ces arbres.

Nous avons proposé une nouvelle formule pour le calcul de l'indice de Wiener d'un arbre. Cette formule offre de nouvelles possibilités de construction d'heuristiques et d'algorithmes d'approximation pour la recherche des meilleurs arbres de plus courts chemins comme solutions approchées à ACDM. Elle met en effet en évidence l'importance de la somme des carrés des tailles des sous-arbres de l'arbre à construire pour la minimisation de l'indice de Wiener.

En nous inspirant de la contribution de la somme des carrés des tailles des sous-arbres d'un arbre dans l'évaluation de son indice de Wiener, nous avons proposé une nouvelle heuristique pour le calcul de solutions approchées à ACDM sur des graphes homogènes. Cette heuristique n'est utilisable que pour les graphes dont les permutations des voisins de chaque sommet sont soient équivalentes soient en nombre limité. Nous avons noté que la prise en compte du critère de maximisation de la somme des carrés des tailles des sous-arbres d'un arbre permet d'améliorer les résultats produits par les algorithmes d'approximation connus dans la littérature.

Nous avons utilisé tout au long de cette thèse l'opération d'optimisation appelée *1-move* qui consiste, partant d'un arbre T couvrant un graphe G, à l'améliorer en ajoutant une arête e appartenant à l'ensemble des arêtes du graphe et qui ne sont pas arêtes de l'arbre puis en supprimant une autre arête dans l'unique cycle créé dans T par l'ajout de e. Grâce à cette opération, nous avons établi les résultats suivants :

Conclusion Générale

1. Si l'on ne s'intéresse qu'aux arbres de plus courts chemins alors un optimum local pour cette opération n'est pas toujours un optimum global. En plus, nous avons montré que dans certains cas l'optimum local obtenu par application d'opérations de *1-move* peut être par la suite très difficile à améliorer ; c'est-à-dire que plusieurs *1-move* doivent lui être appliquées simultanément pour obtenir un arbre d'indice de Wiener plus petit.

2. Dans un arbre couvrant de distance moyenne minimale, l'union des branches d'un sommet de tailles inférieures à $\sqrt{\frac{n}{2w^+}}$ est un sous-arbre de plus courts chemins à partir de ce sommet. Ceci ré-équilibre un peu le résultat négatif qui montrait qu'un arbre de plus courts chemins peut être arbitrairement éloigné de l'optimum lorsque l'on utilise l'opération de *1-move*. Ce résultat peut être utilisé pour identifier des arbres (résultants de l'application d'heuristiques par exemple) qui ne sont pas optimums.

3. A partir de la nouvelle formule de calcul de l'indice de Wiener, nous avons dérivé une formule pour l'évaluation de la variation de l'indice de Wiener suite à un *1-move*. Cette dernière formule a un coût linéaire ce qui rend possible son utilisation dans le cas pratique puisque dans l'analyse du coût d'une heuristique basée sur le *1-move*, ce coût doit être inclus dans le coût global de l'algorithme.

4. Dans le cas des graphes homogènes, le médian de l'arbre couvrant de distance moyenne minimale est lié dans celui-ci à tous ses voisins dans le graphe initial.

Nous avons étudié le problème ACDM sur des graphes particuliers notamment l'hypercube, le tore et les graphes $K_2 \times G$. Malgré le fait que même dans ces cas on se rend compte que le problème reste difficile, nous avons obtenu les résultats suivants :

1. Nous avons effectué quelques pas vers la démonstration de la conjecture de Dobrynin, Entringer et Gutman [10] en montrant que l'arbre binomial est un optimum local. La caractérisation du sous-arbre de l'ACDM de hypercube constitué du médian, son voisin de plus haut degré et leurs voisins nous permet également de nous rapprocher de la démonstration de cette conjecture.

2. Nous avons exhibé un arbre couvrant le tore et nous avons démontré que cet arbre est un optimum local pour l'opération de *1-move* pour ACDM sur le tore. Nous avons conjecturé que cet arbre que nous avons appelé peigne est l'arbre couvrant de distance moyenne minimale du tore. Nous avons en plus donné les formules nécessaires à une évaluation simplifiée de l'indice de Wiener des peignes.

3. Nous avons indiqué une condition nécessaire et suffisante pour que l'une des deux méthodes proposées dans la littérature pour la construction de solutions approchées pour le problème ACDM sur les graphes $K_2 \times G$ soit meilleure que l'autre.

Conclusion Générale

Grâce aux résultats obtenus dans cette thèse et ceux qui sont connus dans la littérature, il s'ouvre pour l'étude du problème de l'arbre couvrant de distance moyenne minimale de nouvelles perspectives qui s'articulent entre autres autour des axes suivants :

1. L'amélioration de la complexité des meilleurs algorithmes d'approximation connus. Il s'agira de proposer de nouveaux algorithmes de complexité inférieure à ceux des algorithmes connus pour la sélection des meilleurs λ-séparateurs et k-étoiles à partir desquels un arbre couvrant sera construit.

2. Le développement d'algorithmes exacts plus performants que ceux connus jusqu'à présent. Ceux-ci devront par exemple s'appuyer sur les propriétés structurelles de l'ACDM pour construire à chaque étape de la recherche un arbre dont l'indice de Wiener est un minorant de tous les indices des arbres pouvant être générés au cours des étapes suivantes.

3. La caractérisation encore plus fine des propriétés structurelles des arbres couvrants de distance moyenne minimale. Nous entrevoyons de poursuivre avec l'approche qui nous a permis de déterminer la nature des sous-arbres ayant pour racines les sommets excentrés par rapport à la racine d'un arbre.

4. La démonstration de l'optimalité de l'arbre binomial sur l'hypercube et du peigne sur le tore. Ceci passe par une comparaison entre les indices de Wiener des arbres de plus courts chemins et les autres arbres afin de déterminer si pour un arbre de la seconde classe il existe toujours un arbre de la première classe ayant un meilleur indice de Wiener.

5. L'étude du problème sur d'autres graphes réguliers ou ayant certaines propriétés et que l'on retrouve dans le cadre d'applications du problème ACDM.

Les travaux effectués sur le problème ACDM peuvent également servir de base pour l'étude de ses différentes généralisations pour lesquels très peu de résultats ont déjà été établis notamment en ce qui concerne l'approximabilité.

Dans la seconde partie de cette thèse, nous avons étudié le problème de la formation des opinions dans un réseau social dans lequel il existe entre les membres du réseau des rapports d'influence et dans lequel s'exercent des pressions externes associées aux opinions. Dans les réseaux d'automates à fonction majorité que nous avons considéré, à chaque pas d'itération chaque individu dans la population évalue la pression sociale qu'il subit des différentes opinions présentes dans la population et adopte celle dont la pression est maximale. La pression sociale d'une opinion pour un individu donné est définie comme la somme des poids des influences (sur l'individu cible) des individus constituant la population qui ont adopté cette opinion à l'itération précédente ; cette somme étant pondéré par l'impact social de l'opinion.

Nous nous sommes intéressés à l'étude du modèle majorité sur des graphes représentant les relations sociales entre individus dans une population avec pour objectifs :

1. l'évaluation du temps mis par le système pour atteindre un état d'équilibre,
2. la caractérisation de la répartition des opinions dans la population lorsqu'un état d'équilibre est atteint.

Conclusion Générale

Nous avons considéré dans cette étude, que les poids des influences entre individus dans la population sont tels que la matrice de ces poids est quasi-symétrique. En utilisant cette simplification, nous avons pu effectuer une étude du système et obtenir quelques résultats :

1. Dans le cas de l'itération série où les individus mettent à jour leur opinion une personne à la fois, nous avons retrouvé un résultat déjà obtenu dans [65] lorsque la matrice des poids des influences est symétrique. Ce résultat stipule que le système converge toujours vers un point fixe, c'est-à-dire un état dans lequel chaque individu a adopté une opinion qui ne changera plus.

2. Dans le cas de l'itération parallèle où tous les individus mettent à jour leur opinion au même moment, nous avons montré qu'avec une matrice des poids des influences quasi-symétrique, le système converge vers un état d'équilibre qui est soit un point fixe soit un état ambivalent c'est-à-dire un cycle de longueur deux. Ce résultat avait déjà été obtenu dans le cas où la matrice des poids des influences est symétrique [65, 67]. Il implique que non seulement il est possible qu'un consensus ne soit jamais obtenu dans une telle population mais qu'en plus on peut arriver à des situations ou aucune opinion majoritaire n'apparaît. Un état ambivalent est en effet caractérisé par la présence d'un groupe d'individus dont l'opinion de chacun oscille perpétuellement entre deux valeurs.

Pour déterminer les longueurs de cycles des réseaux d'automates à fonction majorité, nous avons fait usage dans cette thèse des fonctions de Lyapunov. Celles-ci nous ont également permis d'évaluer les longueurs des transitoires des systèmes étudiés. Nous avons ainsi pu dans le cas de l'itération série et de l'itération parallèle déterminer explicitement des bornes pour les longueurs de transitoire. Dans les deux cas, nous avons obtenu des bornes qui s'expriment en fonction du produit de la somme des valeurs absolues des impacts sociaux des opinions et de la norme de la matrice des poids des influences.

Avoir une expression de la borne du transitoire pour un système comme celui de la dynamique des opinions est très important pour les simulations car elle peut permettre de calculer le nombre d'itérations nécessaires pour arrêter la simulation mais également ceci peut permettre de fixer les valeurs des paramètres pour obtenir une vitesse de convergence plus ou moins grande. La connaissance de cette expression peut également s'avérer utile dans des situations de terrain soit pour déterminer la longueur de la phase transitoire d'un processus de formation d'opinions, soit pour l'influencer.

Les travaux effectués dans cette thèse sur la dynamique des opinions constituent la première étape d'un travail dont le but est de mieux comprendre les phénomènes de diffusion dans les réseaux d'agents sujets à des interactions sociales. Dans ce contexte, nous comptons aborder dans les prochaines phases de ce travail les problématiques suivantes :

1. l'étude de la diffusion d'une nouvelle opinion dans un réseau social où un consensus existe entre tous les membres. Plusieurs modèles de graphes pour la représentation de réseaux sociaux seront alors utilisés dans le but d'identifier l'impact des différentes

propriétés structurelles de ces graphes dans la diffusion de la nouvelle opinion.

2. l'étude de la formation des clusters d'opinions au sein d'une population. Comme dans l'étude précédente, le but sera de déterminer l'importance des propriétés des réseaux sur l'organisation des opinions lorsqu'un état d'équilibre est atteint.

3. l'étude de la stabilité du modèle majorité. Il s'agira de considérer un réseau itérant en utilisant la fonction majorité et d'étudier son comportement lorsque au cours de l'évolution, des perturbations sous forme de bruits sont introduites.

4. l'étude des extensions du modèle majorité et d'autres modèles pour se rapprocher de plus en plus de la réalité.

Bibliographie

[1] R.C. Entringer. Distance in graphs : Trees. *J. Combin. Math. Combin. Comput.* **24**, *65-84*, 1997.

[2] T.C. Hu. Optimum communication spanning trees. *SIAM J. Comp.* **3(3)**, *188-195*, 1974.

[3] R.T. Wong. Worst-case analysis of network design problem heuristics. *SIAM J. Algebraic Discrete Methods* **1(1)**, *51-63*, 1980.

[4] H. H. Hoang. A computational approach to the selection of an optimal network. *Management science* **19(5)**, *488-498*, 1973.

[5] D.S. Johnson, J.K. Lenstra, and A.H.G. Rinnooy Kan. The complexity of the network design problem. *Networks* **8**, *279-285*, 1978.

[6] B.Y. Wu, K.M. Chao, and C.Y. Tang. Approximation algorithms for the shortest total path length spanning tree problem. *Discrete Applied Mathematics* **105**, *273-289*, 2000.

[7] T. Anker, D. Breitgand, D. Dolev, and Z. Levy. Congress : Connection-oriented group-address resolution service. *In Proceedings of SPIE on Broadcast Networking Technologies*, 1997.

[8] M.J. Lin, K. Marzullo, and S. Massini. Directional gossip : Gossip in a wide area network. *Technical Report CS1999-0622, Univ. of California, San Diego, Computer Science and Eng.*, 1999.

[9] J.M. Nlong II and Y. Denneulin. Migration de processus linux sous i-cluster. *In 15-ièmes Rencontres Francophones en Parallélisme*, *614-623*, 2003.

[10] A.A. Dobrynin, R. Entringer, and I. Gutman. Wiener index of trees : theory and applications. *Acta Applicandae Mathematicae* **66**, *211-249*, 2001.

[11] D. Gusfield. Efficient methods for multiple sequence alignment with guaranteed error bounds. *Bulletin of Mathematical Biology* **55**, *141-154*, 1993.

[12] M. Fischetti, G. Lancia, and P. Serafini. Exact algorithms for minimum routing cost trees. *Networks* **39(3)**, *161-173*, 2002.

[13] B.Y. Wu, G. Lancia, V. Bafna, K.M. Chao, R. Ravi, and C.Y. Tang. A polynomial-time approximation scheme for minimum routing cost spanning trees. *SIAM J. Comput.* **29(3)**, *761-778*, 1999.

[14] H. Wiener. Structural determination of paraffin boiling points. *J. Amer. Chem. Soc.* **69**, 17-20, 1947.

[15] Y.A. Ban, S. Bereg, and N. H. Mustafa. A conjecture on wiener indices in combinatorial chemistry. *Algorithmica* **40**, 99-117, 2004.

[16] H. Hosoya. Topological index. a newly proposed quantity characterizing the topological nature of structural isomers of satureted hydrocarbons. *Bull. Chem. Soc. Jpn.* **4**, 2332-2339, 1971.

[17] R.C. Entringer, D.E. Jackson, and D.A. Snyder. Distance in graphs. *Czechoslovak Math. J.* **26**, 283-296, 1976.

[18] N. Thibault. Algorithmes d'approximation pour l'optimisation en ligne d'ordonnancements et de structures de communications. *Thèse de Doctorat, Université d'Evry Val d'Essone*, 2006.

[19] N. Thibault and C. Laforest. Algorithme incrémental pour le maintien d'un arbre de connexion. *RemPar'15*, 27-34, 2003.

[20] N. Thibault and C. Laforest. Dynamics maintenance of a tree with guarantees of performance. *Rapport de recherche n°93, Laboratoire de Méthodes Informatiques, Evry*, 2004.

[21] C. B. Dantiz. Discrete variable extremum problems. *Operations Research* **5(2)**, 266-277, 1957.

[22] R. Dionne and M. Florian. Exact and approximate algorithms for optimal network design. *Networks* **9**, 37-59, 1979.

[23] R. W. Floyd. Algorithm 97 : Shortest path. *Communications of the ACM* **5(6)**, 345, 1962.

[24] R. Dionne. Etude et extension d'un algorithme de murchland. *Centre de Recherche sur les Transports, Université de Montréal*, Mars 1973.

[25] J. D. Murchland. A fixed matrix for all shortest distances in a directed graph and for the inverse problem. *Doctoral thesis, University of Karlsruhe*, 1970.

[26] R. Dionne. Une analyse théorique et numérique du problème du choix optimal d'un réseau de transport sans congestion. *Centre de Recherche sur les Transports, Université de Montréal*, Octobre 1974.

[27] A. J. Scott. The optimal network problem : some computational procedures. *Transportation Research* **3(2)**, 201-210, 1969.

[28] P. Dankelmann. A note on mad spanning trees. *J. Combin. Math. Combin. Comput.* **32**, 93-95, 2000.

[29] M. Tchuente, P. Melatagia, J. M. Nlong II, and Y. Denneulin. On the minimum average distance spanning tree of the hypercube. *Acta Applicandae Mathematicae* **102(3)**, 219-236, 2008.

[30] F.T. Leighton. Introduction to parallel algorithms and architectures : Arrays, trees, hypercubes. *Morgan Kaufmann, San Mateo, CA*, 1992.

[31] F. Harary, J.P. Hayes, and H.-J. Wu. A survey of the theory of hypercube graphs. *Comput. Math. Appl.* **15**, 277-289, 1988.

[32] V. M. Lo, S. Rajopadhye, S. Gupta, D. Keldsen, M. A. Mohamed, and J. Telle. Mapping divide-and-conquer algorithms to parallel architectures. *in Proc. of the 1990 International Conference on Parallel Processing*, 128-135, 1990.

[33] S. L. Johnsson and C.-T. Ho. Optimal broadcasting and personalized communication in hypercubes. *IEEE Trans. Comput.* **38(9)**, *1249-1268*, 1989.

[34] J.E. McCanna. Personal communication.

[35] W. McCulloch and W. Pitts. A logical calculus of the ideas immanent in nervous activity. *Bull. Math. Biophysics*, 5, *115-133*, 1943.

[36] J. Von Neumann. The general and logical theory of automata. *Hixon Symposium Proc., 1948 ; J. N. Neumann Collected Works, A. H. Taub(ed) ; Pergamon Press*, V, *288-328*, 1963.

[37] J. Von Neumann. Theory of self-reproducing automata. *A. W. Burks(ed), Univ. of Illinois Press*, 1966.

[38] S. Ulam. On some mathematical problems connected with patterns of growth of figures. *Essay on Cellular Automata, A.W. Burks (ed), University of Illinois Press*, *219-243*, 1970.

[39] C. G. Langton. Self-reproduction in cellular automata. *Physica D*, **10**, *135-144*, 1984.

[40] E. F. Moore. Machine models of self-reproduction. *Proc. Symp. Apl. Math.*, **14**, *13-33*, 1962.

[41] S. Wolfram. Cellular automata and complexity. *Westview Press*, 1994.

[42] J. H. Hopfield. Neural networks and physical systems with emergent collective computational abilities. *Proc. Natl. Acad. Sci. USA*, **79**, *2554-2558*, 1982.

[43] E. Goles and S. Martinez. Neural and automata networks. *Kluwer Academic Publishers*, 1990.

[44] G. Deffuant, F. Amblard, G. Weisbuch, and T. Faure. How can extremism prevail ? a study on the relative agreement interaction model. *Journal of Artificial Societies and Social Simulation* **5(4)**, 2002.

[45] G. Deffuant, D. Neau, F. Amblard, and G. Weisbuch. Mixing beliefs among interacting agents. *Advances in Complex Systems* 3, *87-98*, 2000.

[46] R. Hegselmann and U. Krause. Opinion dynamics and bounded confidence models : Analysis, and simulation. *Journal of Artificial Societies and Social Simulation* **5(3)**, 2002.

[47] K. Sznajd-Weron and J. Sznajd. Opinion evolution in closed community. *International Journal of Modern Physics C* **11**, *1157-1166*, 2000.

[48] G. Weisbuch, G. Deffuant, F. Amblard, and J. P. Nadal. Meet, discuss, and segregate ! *Complexity* **7(3)**, *55-63*, 2002.

[49] R. P. Abelson. Mathematical models of the distribution of attitudes under controversy. *Frederiksen N. and Gulliksen H. (eds.), Contributions to Mathematical Psychology, New York : Holt, Rinehart, and Winston*, 1964.

[50] S. Galam. Sociophysics : A rewiew of galam models. *International Journal of Modern Physics C* **19**, *409-440*, 2008.

[51] M. H. DeGroot. Reaching a consensus. *Journal of the American Statistical Association* **69(345)**, *118-121*, 1974.

[52] N. E. Friedkin and E. C. Johnsen. Social influence and opinions. *Journal of Mathematical Sociology* **15**, *193-206*, 1990.

[53] J. C. Dittmer. Consensus formation under bounded confidence. *Nonlinear Analysis* **47**, 4615-4621, 2001.

[54] U. Krause. A discrete nonlinear and non-autonomous model of consensus formation. Elaydi S., Ladas G., Popenda J. and Rakowski J. (eds.), *Communications in Difference Equations, Gordon and Breach Science Publishers, Amsterdam*, 227-236, 2000.

[55] S. Galam. Application of statistical physics to politics. *Physica A* **274**, 132-139, 1999.

[56] J. A. Hoylst, K. Kacperski, and F. Schweitzer. Social impact models of opinion dynamics. *Annual Reviews of Computational Physics IX*, 253-273, 2001.

[57] B. Latané and A. Nowak. Self-organizing social systems, necessary and sufficient conditions for the emergence of clustering, consolidation, and continuing diversity. Barnet G. and Boster F. (eds), *Progress in Communication Science : Persuasion, Norwood, NJ : Ablex*, 43-74, 1997.

[58] D. Stauffer. Sociophysics : the sznajd models and its applications. *Computer Physics Communications* **146(1)**, 93-98, 2002.

[59] R. L. Berger. A necessary and sufficient condition for reaching a consensus using degroot's method. *J. Amer. Statist. Assoc.* **76**, 415-419, 1981.

[60] S. Chatterjee. Reaching a consensus : some limit theorems. *Proc. Int. Statist. Inst.*, 159-164, 1975.

[61] S. Chatterjee and E. Seneta. Toward consensus : some convergence theorems on repeated averaging. *Journal of Applied Probability* **14**, 89-97, 1977.

[62] J. Cohen, J. Hajnal, and C. M. Newman. Approaching consensus can be delicate when positions harden. *Stochastic Proc. and Appl.* **22**, 315-322, 1986.

[63] B. Golub and M. O. Jackson. Naïve learning in social networks : convergence, influence and the wisdom of crowds. *Working paper*, 2008.

[64] M. Cosnard and E. Goles. Discrete state neural networks and energies. *Neural Networks* **10(2)**, 327-334, 1997.

[65] E. Goles and M. Tchuente. Iterative behaviour of generalized majority functions. *Mathematical Social Sciences* **4**, 197-204, 1983.

[66] M. Tchuente. Evolution de certains automates cellulaires uniforme binaires à seuil. *Séminaire 265, IMAG, Grenoble*, 1977.

[67] S. Poljak and M. Sura. On periodical behaviour in society with symmetric influences. *Combinatorica* **3**, 119-121, 1983.

[68] P. Melatagia and R. Ndoundam. Opinion dynamics using majority functions. *Mathematical Social Sciences* **57(2)**, 223-244, 2009.

[69] M.W. Macy, J. A. Kitts, and A. Flaches. Polarization in dynamics networks : A hopfield model of emergent structure. P. Breiger R., Carley K. and Pattison P. (eds.), *Dynamic Social Network Modeling and Analysis : workshop summary and papers, The National Academy Press, Washington, DC*, 162-173, 2003.

I want morebooks!

Buy your books fast and straightforward online - at one of the world's fastest growing online book stores! Environmentally sound due to Print-on-Demand technologies.

Buy your books online at
www.get-morebooks.com

Achetez vos livres en ligne, vite et bien, sur l'une des librairies en ligne les plus performantes au monde!
En protégeant nos ressources et notre environnement grâce à l'impression à la demande.

La librairie en ligne pour acheter plus vite
www.morebooks.fr

OmniScriptum Marketing DEU GmbH
Heinrich-Böcking-Str. 6-8
D - 66121 Saarbrücken

Telefax: +49 681 93 81 567-9

info@omniscriptum.de
www.omniscriptum.de

Printed by Books on Demand GmbH, Norderstedt / Germany